泰语有声数据库建设研究

何冬梅　著

科 学 出 版 社
北　京

内 容 简 介

本书阐述了泰语有声数据库建设的意义、方法、过程等。泰语有声数据库的建设离不开对泰语的标准语即中部泰语的语音、词汇和语法等语料的提取与分析。本书还提取了泰国的北部、东北部和南部这三个地区的方言语料，对标准语同方言之间的关系进行了对比和分析；阐述了泰语有声数据库建设的过程和内容。泰语有声数据库的建设包括前期准备阶段和数据平台应用阶段，将电脑软件技术同语言学理论相结合，是泰语有声数据库建设的关键。

本书适用于泰语专业教师和研究者，也适用于泰语专业高年级学生和研究生。

图书在版编目（CIP）数据

泰语有声数据库建设研究 / 何冬梅著. —北京：科学出版社，2018.6

ISBN 978-7-03-054487-2

Ⅰ.①泰… Ⅱ.①何… Ⅲ. ①泰语–语料库–研究 Ⅳ. ①H412

中国版本图书馆CIP数据核字(2017)第224576号

责任编辑：王洪秀 / 责任校对：郭瑞芝
责任印制：张欣秀 / 封面设计：铭轩堂

科学出版社 出版
北京东黄城根北街16号
邮政编码：100717
http://www.sciencep.com

北京虎彩文化传播有限公司 印刷

科学出版社发行 各地新华书店经销

*

2018年6月第 一 版 开本：720×1000 B5
2018年6月第一次印刷 印张：8 1/4
字数：180 000

定价：78.00元

(如有印装质量问题，我社负责调换)

本书受到国家社会科学基金西部项目“傣语方言地图集”（项目批号 16XYY026）资助

本书受到国务院侨务办公室华文教育基地基金课题重点项目“泰语有声数据库建设”（项目批号 HW2014ZD02）资助

前　言

21 世纪的今天，如何对人类现有的语言进行妥善保存，是一项十分紧迫的任务。有声数据库又称为有声语档，是对语言进行真实话语录音记录并采用数字化保存的一种方式。语言是整个人类社会中不可缺少的交际工具，是人类社会生活的活化石，具有极为宝贵的研究价值和应用价值。在当今世界，数字化、网络化的发展，对我们传统语言的研究产生了不小的冲击；同样，语言的传统研究方法也需要革新和保留，以适应多元文化的冲突并获得自身发展。如果语言数字化建设跟不上时代的步伐，若干年后甚至上百年之后，我们的语言文化就会出现断层，我们的子孙后辈将不能全面而详细地了解祖辈语言文化的真实面貌及文化遗产，这不能不说是一个遗憾，所以加强语言文化建设是重大而艰巨的任务。

《泰语有声数据库建设研究》一书在学习、借鉴前人研究的基础上进行深入的研究和探索。在田野调查的基础上，对大量的泰语语料及相关文献进行收集分析，为深入研究亲属语言的关系，进一步探索壮侗语言内部结构规律，将壮侗语言研究推向深入而奠定基础，从而对壮侗语言系统整体面貌有一个全新及科学的认识，其成果将为壮侗语言研究提供一定的参考作用。本书第三章在写作过程中得到上海师范大学沈向荣老师的大力帮助和指导，本人在此表示衷心的感谢！

由于本人水平有限，加之数据库建设对本人来说是个全新的事物，因此，书中难免有错误和不足之处，敬请专家们给予批评和指正！

目　录

第一章 绪 论

泰语属于汉藏语系壮侗语族壮傣语支，壮傣语支又称为台语支。泰族自称“泰 $thai^{33}$”，泰国旧称“$sa^{22}jaam^{24}$”，泰国素以黄袍佛国著称。据泰国文献记载，泰文最早见于13世纪（1283年）泰国素可泰时期的兰甘亨碑文，至今已有700多年的历史，碑文包含丰富的历史文献和各类古籍资料，这些古籍文献非常具有研究价值。本书以泰国国语曼谷语为主要研究对象，同时也会涉及泰语的三种方言。

中部泰语是泰国的国语，是泰国全民通用的语言，也是官方用语，其使用人口有六千多万。泰语的方言根据语音差异，按地理位置划分为四个方言区。中部地区曼谷语是泰国官方语，也是国语；北部方言以清迈府语音为标准语；东北部方言通常以呵叻府语音为标准语；南部方言以宋卡府语音为标准语。四个方言区的方言区别不大，相互间能交流通话，但是也存在着各自的方言特点。中部泰语有规范的文字体系，北部方言也有一套文字系统，而东北部方言和南部方言则无文字。

中泰两国的交往可以追溯到一千多年以前。自1975年中泰建交以来，两国一直保持着友好往来的关系。泰语作为跨境语言，它和我国的傣语、壮语、布依语属于语言系统结构相同或相似的同语支亲属语言。笔者从事泰语的教学和研究工作，并且有机会于2016年3月至2017年3月以访问学者的身份到泰国程逸大学访学一年。其间，实地考察了泰语的分布和人口使用状况，方言的划分以及方言差异，对语音、语法、词汇等特点也作了详细记录和分析，例如，了解到用部分方言记录的数量不等的故事、谜语、传说等。这些材料大多是根据传统语法描写记录的，为语言的研究提供了多方面的参考依据。但是这些材料多为文本材料，由于过去的设备和技术等原因，不能展现出语言的真实声音，不是活态材料。为了更好地体现出语言的使用及其历史文化，进一步促进语言的传承、记录和传播，我们更需要将有声语料保存下来。这样才能对语言进行更为深入的分析，比如采用实验语音学的手段对语音材料进行科学的声学分析，从而更好地保留下这种语言的真实面貌。

一、建立泰语有声数据库的意义和主要内容

（1）采用现代技术和研究手段对泰语进行全方位、多角度、系统的田野调查，其语料不仅对语言共时研究具有重要意义，同时，对历时研究也有重要意义。

（2）采用现代科技方法，运用语言田野调查系统“斐风”软件进行调查，采用科学的语音记录设备进行自然语音的采集，如 M-box mini 外置声卡，拜亚动力卡农口话筒等。在此基础上建立泰语有声数据库，使泰语“活态语言”能够永久保存。

（3）语音库、词汇库采录数据较为丰富，共整理了 27978 个词条，大多数语言专著一般采集 3000～5000 词条。此次采集近 3 万条的词条其优点主要有两点：第一，为将来的进一步分析研究奠定基础。词汇量越大，对这个语言的记录就越详细，词汇切分所得的语素也就越多，将来在做历史比较和历史层次研究的时候就会更加深入。第二，根据已采集的中部泰语 18594 条词条，已经做完一本便携式电子词典，可方便随时按需要查阅中文和泰文；同时电子词典里的原始数据可根据需要增加新的词条，扩大词汇量。

二、存在的问题

此次研究取得了不少成果，有声数据库的建设是一项有意义且任务艰巨的工作，比较耗时、耗力，在建设过程中我们也遇到了不少问题。在本研究全体成员的共同努力之下，历时两年总算将以中部泰语为主的“泰语有声数据库”建设起来了，初步建设了语音库、词汇库，并涉及语法库、语篇库，同时还补充录入了泰语另外三个方言区的方言词汇。在整个建库过程中，我们力求精益求精，认真对待每一个词条每一个句子。存在的主要问题是时间紧、人力物力不足、经费有限、数据库建设技术不高等。

本项研究是一个很有价值的、值得进一步深入的课题。笔者认为可分为两步走，第一步是我们正建设的泰语语音数据库；第二步是在此基础上采用实验语音学、声学分析等手段对库存语料进行专题性的研究分析。

第二章　泰语方言概况

泰语和我国的傣语同属于壮侗语族（又称为“黔台语族”）壮傣语支（又称为“台语支”）语言。台语支是亚洲地区有着重要地位的语言，使用广泛，属于跨境语言，使用人口约 9000 万，在国内主要包括壮语、傣语、布依语等，主要分布在我国的云南、广西、贵州等省区，在国外分布在缅甸、老挝、越南、泰国、柬埔寨、印度等国家。操台语支语言的民众，语言、风俗文化相似程度大，大多数信仰南传佛教。云南省是国内壮侗语言分布较为广泛的重要地区之一。

云南壮族的人口数量，据 2010 年统计，全省 121.6 万人，分布在文山壮族苗族自治州、红河哈尼族彝族自治州、曲靖市等州市。壮语分为南部、北部两种方言，分为四种土语。南部方言分为两种土语，砚广土语和文麻土语，砚广土语包括云南广南南部、砚山、马关、文山、西畴、麻栗坡北部等地的壮语；文麻土语包括文山南部、麻栗坡南部、马关东部、开远、元阳以及滇东南部分县等地的壮语。北部方言分为两种土语，桂边土语和丘北土语，桂边土语包括云南富宁、广南北部的壮语；丘北土语包括丘北、师宗等县的壮语。壮族曾有不同的自称，如 $pu^{42}jai^{42}$、$pu^{31}ʔji^{31}$、$pu^{31}joi^{13}$等，现统称为 $pou^{42}ɕuuŋ^{33}$。

傣族自称 tai^{55}。云南傣族的人口数量，据 2011 年统计为 122.2 万，分布在云南省西双版纳、德宏两个自治州，以及耿马、双江、景谷、孟连、金平等县。傣语分为德宏、西双版纳、金平、红金四种方言。

云南布依族人口数量约 3 万多人，主要分布在曲靖地区，文山、红河等地也有分布。布依族自称 $pu^{55}ʔji^{55}$。

从文字历史来看，壮语有方块壮字，模仿汉字六书的方法而创造，但未发展成壮文，壮文称为 $sɯ^{24}ɕuuŋ^{33}$。（云南省地方志编纂委员会，1998）布依族没有本民族的文字。傣文属于原有民族文字，有傣泐文、傣纳文、傣绷文、傣端文，同属于古印度梵文字母体系。傣泐文和傣纳文创制的时间大约分别在 13、14 世纪，傣泐文约有 700 多年历史，傣纳文约有 600 多年历史。傣绷文和傣端文创制时间不详。

泰国的泰族自称“泰 $thai^{33}$”，国内的傣族自称“tai^{55}”，从这个自称上看，发音相似，族源是一致的。关于泰国人的起源至今仍有争议，泰国学界普遍认为泰国人起源有五种观点，第一种观点认为，泰国人起源于阿尔泰山脉；第二种观点认为，泰国人起源于中国南部地区；第三种观点认为，泰国人起源于四川；第四种观点认为，泰国人自古以来就居住在现在的泰国；第五种观点认为，泰国人从原来的北方迁移到了南方（素瓦拉·丽亚怪瓦，2008）。整个壮侗语族所包含的语言比较多，如国外泰语、老挝语等，国内的傣语、侗语、水语、黎语等。壮傣语支按学界的传统划分，国内有布依语、壮语、傣语、海南临高话，国外有泰语、老挝语、缅甸的掸语及越南北部的岱语等。从民族学理论上来看，国内学者普遍认为，壮侗民族的祖先是越人，整个壮侗语言源于古越语，由于受到印度文化、汉文化、孟高棉文化等多元文化的影响而出现了这一分化。从文字上来看，泰文的拼音文字，来源于印度天成体梵文系统字母；我国国内的傣那文、傣泐文、傣绷文和金平傣文，也都是受印度梵文系统的影响，随同南传佛教传入各地。这个语支有着共同的语言特征，从整体特征来看，泰语包括中部泰语（也就是标准泰语）以及其他方言；和同语族语言一样，在语音方面声母比较简单，韵母比较复杂，中部泰语有复辅音系统，其他三个方言即东北部方言、北部方言、南部方言没有复辅音，国内的傣语也没有复辅音。壮傣语支语言语音系统和汉语一样是四声八调系统，词汇以单音节词数量占多数。泰语与国内同语支诸语言的亲缘关系，我们从一些例词可以看出，见表 2-1。

语言是以语音为物质外壳，以词汇为建筑材料，以语法为结构规律的一种音义结合的符号体系。方言跟国语言有区别，在一定的区域中通行，具有语音、词汇、语法结构系统，能满足本地区的交际需求。泰语语言历史悠久，文字有七百多年的历史传承和积淀，在漫长的岁月长河当中，形成了具有自身特点的多种地方方言。这些方言不同的个体特征，都不同

表 2-1　泰语与国内同语支诸语言部分例词对比表

汉	泰中	泰北	泰东北	泰南	傣那	傣泐	壮	布依
父亲	$phɔɔ^{41}$	$pɔɔ^{41}$	$phɔɔ^{44}$	$phɔɔ^{22}$	po^{33}	$pɔ^{33}$	po^{31}	po^{31}
男子	$chaai^{33}$	$caai^{33}$	$saai^{14}$	$chaai^{231}$	$tsaai^{55}$	$tsaai^{41}$	$ʧaai^{44}$	pau^{13}
眼睛	taa^{33}	taa^{24}	taa^{33}	taa^{343}	ta^{33}	ta^{55}	ta^{42}	ta^{33}
耳朵	huu^{24}	huu^{24}	huu^{13}	huu^{453}	hu^{35}	hu^{55}	$ʧhu^{35}$	$zɯ^{53}$
蛇	$ŋuu^{33}$	$ŋuu^{33}$	$ŋu^{44}$	huu^{231}	$ŋu^{55}$	$ŋu^{41}$	$ŋu^{44}$	$ŋɯ^{53}$
知道	ruu^{453}	huu^{55}	huu^{42}	ruu^{21}	hu^{53}	hu^{11}	zu^{55}	zo^{55}
田	naa^{33}	naa^{33}	na^{44}	naa^{231}	la^{55}	na^{41}	na^{44}	na^{53}

程度地体现在了语音、词汇、语法等层面上，从上述列表中我们也能看出标准泰语和三种方言的一些语音个体特征。泰语的方言主要是以语音、词汇为标准，如果把标准泰语（中部泰语）也算一种方言的话，那么按地理位置划分可以分为四个方言区，每个方言区里的各个府或县，或多或少都有些口音差别，但特征不明显，因此也没必要再细分。总的来说，泰语学术界按四个方言区来划分泰语，是比较符合语言事实、概括全面的。本书以中部泰语曼谷语为泰国的国语，对照各方言来比较，找出各方言的一些特征。各方言又有自己的标准音点，中部泰语以曼谷音为标准音，北部方言以清迈音为标准音，东北部方言以乌汶府为标准音，南部方言以宋卡府为标准音，见表 2-2。

表 2-2　泰语方言分布图

方言	分布地区（府）	方言使用人数
中部方言（标准泰语）	曼谷、巴蜀府、素攀府、佛丕府、叻丕府、佛统府、北碧府、罗勇府、尖竹汶府、素可泰、呵叻府等	一千七百多万
东北部方言	乌隆府、乌汶府、廊开府、莱府、沙功那空府、那空帕农府、孔敬府、玛哈沙拉堪府、黎逸府、也梭吞府、四色菊府、素攀府、武里喃府、猜也奔府、呵叻府、佛统府等	一千八百多万
北部方言	喃邦府、夜丰颂府、清莱府、清迈府、喃奔府、帕府、难府、帕夭府等	一千四百多万
南部方言	素叻他尼府、攀牙府、博他侬府、洛坤府、普吉府、宋卡府、沙敦府、甲米府、董里府、惹拉府、百大年府、陶公府、春蓬府、拉农府等	六百六十多万

按照国内传统的归类法，泰语（包括四个部的方言）都归属为汉藏语系壮侗语族壮傣语支。从整个汉藏语系的语言来看，语音、词汇、语法是语言发展的三要素，这四种方言和国内亲属傣语在语言上的差异主要体现

在语音和词汇上的变化，语法上变化不大。其中词汇研究是公认的薄弱环节，就任何一门语言来看，为了指称事物便于理解，其词汇数量都是相当多而繁杂的。词汇研究不像语音、语法那样能够进行概括性的研究，面对众多词汇需要逐个进行描写分析，工作量显然是很大的。故学者们对于壮傣语支的近代研究成果主要集中在语音和语法上。实际上，词汇与现实联系紧密，其变化较为显著，词汇既和语音也和语法相关联，在整个民族语中词汇的研究成果不太丰富，尤其是壮傣语支的词汇研究更为不足，专题性的词汇研究对壮傣语支语言显得极为重要。壮傣语支是跨境语言，除了壮语、傣语、布依语之外，国外的泰语、老挝语等也都属于壮傣语支语言。因此，本书在词汇的数据整理上做了大量的工作，如收集词条上万条，其次收集的是句型和语篇。建立泰语有声数据库，不仅对促进少数民族地区语言文化研究的发展具有重要意义，而且对扩大我国和东南亚各国的学术文化交流也有着重大而深远的意义。

第一节　中 部 泰 语

中部泰语以曼谷语音为标准音，是泰国中部地区使用的语言，也是全泰国民众通行的官方语言。中部泰语使用人口约为一千七百多万，操中部泰语的主要地区有曼谷、巴蜀府、素攀府、佛丕府、叻丕府、佛统府、北碧府、罗勇府、尖竹汶府、素可泰、呵叻府等府。以曼谷音为标准音的中部泰语的语音系统[①]如下。

一、语音系统

（一）声母

1. 单辅音声母

中部泰语的单辅音声母有 21 个，即：p t k ʔ ph th kh b d c ch f s h m n ŋ l r j w，如表 2-3 所列。

① 本书涉及的泰国府名、县名以广州外国语学院于 2005 年在商务印书馆出版的《泰汉词典》的译名为准。

表 2-3 中部泰语单辅音声母表

部位 音类	唇音	唇齿音	齿龈音	硬腭音	软腭音	喉音
浊音	b		d			
清音（不吐气）	p		t	c	k	ʔ
重音（吐气）	ph		th	ch	kh	
塞擦音		f	s			h
鼻音	m		n		ŋ	
边音			l			
颤音			r			
半元音	w			j		

这 21 个单辅音，都可以出现在音节开头作声母，见表 2-4。

表 2-4 中部泰语单辅音声母例词表

p	pii^{33}年	b	bai^{33}（树）叶	m	mɔk^{22}雾
t	tau^{22}乌龟	d	din^{33}地	n	nam^{453}水
k	kop^{22}蛙	c	caan^{33}盘子	ŋ	ŋu:^{33}蛇
ʔ	ʔaaŋ^{22}瓦盆	ch	chaaŋ^{453}大象	l	lom^{3}风
ph	phak^{22}菜	f	fun^{24}雨	r	ruŋ^{453}虹
th	tham^{41}山洞	s	sɯɯa^{24}老虎	j	jiŋ^{24}妇女
kh	khwai^{33}水牛	h	hiip^{22}箱子	w	wan^{33}天

2. 复辅音声母

中部泰语的复辅音声母有 11 个，即：pr phr tr kr kl khr khl phl pl，例词如表 2-5 所示。

表 2-5 中部泰语复辅音声母例词表

pr	prɛɛ^{41}传播	kl	klaaŋ^{33}中间	phl	phleeŋ^{33}歌曲
phr	phrik^{453}辣椒	khr	khruu^{33}老师	pl	plaa^{33}鱼
tr	trii^{33}三	khl	khlaai ^{453}相似		
kr	kroot^{22}生气				

3. 唇化音声母

中部泰语唇化音声母有 2 个，即 kw khw，见表 2-6。

表 2-6 中部泰语唇化音声母例词表

khw	khwaai^{33}水牛	kw	kwaaŋ^{41}宽广

（二）韵母

韵母可以由元音充当，也可以由元音和韵尾结合而成。

1. 元音

（1）单元音，中部泰语的 9 个元音音素，各分长短，共 18 个单元音，形成长短对立的元音系统，即：i ii e ee ɛ ɛɛ ɯ ɯɯ ə əə a aa u uu o oo ɔ ɔɔ，如表 2-7 所示。

表 2-7　中部泰语单元音韵母表

舌位 \ 部位	前		中		后	
	短	长	短	长	短	长
高	i	ii	ɯ	ɯɯ	u	uu
中高	e	ee	ə	əə	o	oo
中低	ɛ	ɛɛ			ɔ	ɔɔ
低			a	aa		

单元音例词如表 2-8 所示。

表 2-8　中部泰语单元音韵母例词表

i	cit²²心理	ɯ	khrɯŋ⁴¹一半	u	du²²凶恶
ii	dii³³好	ɯɯ	rɯɯa³³船	uu	ŋuu³³蛇
e	te²²踢	ə	cə²²遇见	o	som⁴¹桔子
ee	leem⁴¹本	əə	səə⁴¹愚蠢	oo	too³³长大
ɛ	kɛ²²绵羊	a	ka²²估计	ɔ	mɔ²²合适
ɛɛ	mɛɛ⁴¹妈	aa	phaa⁴¹布	ɔɔ	ʔɔɔk²²出

（2）复合元音，有三对长短对立的复合元音，即：ia iia ɯa ɯɯa ua uua，例词如表 2-9 所示。

表 2-9　中部泰语复合元音韵母例词表

ia	pia⁴⁵³小小的
iia	siia²⁴坏了
ɯa	khɯaʔ²²英武的样子
ɯɯa	mɯɯa⁴¹时候
ua	jua⁴⁵³急性
uua	phuua²⁴丈夫

2. 辅音和元音韵尾

中部泰语的韵尾有 8 个，其中 6 个辅音韵尾：-p -t -k　-m -n -ŋ，2 个元音韵尾：-i -u。这些韵尾都可以同元音结合成为韵母，例词如表 2-10 所示。

表 2-10　中部泰语韵尾例词表

-p	kap²²菜肴	-n	khon³³人
-t	kat²²咬	-ŋ	ciŋ²²小钹
-k	rɛɛk⁴¹原来	-i	suuai²⁴漂亮
-m	saam²⁴三	-u	khaau⁴¹粮食

（三）声调

中部泰语有 5 个声调。

（1）第一调，上升调，调值为 24。例词：fun²⁴雨、hin²⁴石头

（2）第二调，中平调，调值为 33。例词：wan³³天、lom³³风、daːu³³星星

（3）第三调，低平调，调值为 22。例词：fun²²尘土、prɔɔt²²水银

（4）第四调，降调，调值为 41。例词：mek⁴¹云、tham⁴¹山洞、tai⁴¹底下

（5）第五调，高平调，调值为 453。例词：nam⁴⁵³水、mai⁴⁵³树

二、句法特点

上述操中部方言的府，基本上都是以曼谷音为标准音，语音、语法及词汇都同曼谷国语系统相符合，地方差异不突出，例如，佛丕府大部分的语言习惯同曼谷国语一样，但是极个别表否定的词如“mai⁴¹不”在句子中是放在动词的后面，如表 2-11 所示。

表 2-11　泰语国语（曼谷）与佛丕府地区语言“mai⁴¹不”在句子中位置差异例句表

泰语国语（曼谷）		佛丕府地区语言	
<u>mai⁴¹</u>ruu⁴⁵³	不知道	ruu⁴⁵³ <u>mai⁴¹</u>	知道（不）
<u>mai⁴¹</u>kin³³	不吃	kin³³ <u>mai⁴¹</u>	吃（不）
<u>mai⁴¹</u>pai³³	不去	pai³³ <u>mai⁴¹</u>	去（不）

说明：表中划横线对单词“mai⁴¹不”加以区别（素瓦拉・丽亚怪瓦，2008）。

第二节　北部泰语

北部泰语，历史悠久，源远流长，使用地区广泛，是泰国北部地区各府大多数当地人使用的方言，北部泰语使用人口约为一千四百多万，说北部泰语的地区有喃邦府、夜丰颂府、清莱府、清迈府、喃奔府、帕府、难府、帕夭府。除了这 8 个大府之外，还有其他非北部府，如西部或东部的府下辖的区或县，如程逸府下辖的腊黎县、北标府下辖的稍海县、叻丕府下辖的班库布区、呵叻府下辖的四球县，这些讲北部泰语的民众其祖先是从北部地区迁移过来的。清迈是北部地区最大最繁华的城市，历史上，兰那王朝曾在清迈建立行政中心，并有“兰那”文字，因此泰国北部地区也称为“兰那”。从泰国一些学术著作可以看出，北部地区历史文化悠久，有部分民族是早期从其他地方迁移而来，例如，傣元族（juuan^{33}）从清盛迁移过来；傣泐族又称为傣庸（jɔɔŋ^{33}），是 300 多年前从中国云南西双版纳迁移来的；傣普族又称为老普族（phuuan^{33}），是从老挝迁移来的；傣痕族（khəən^{24}）是从缅甸景栋迁移来的；大傣族是从缅甸掸邦迁移来的等。这些从各地迁移来的民族长期融洽地生活在一起，由于推行曼谷国语，北部地区的民众都能熟练使用官方语言，而不再使用以前的“兰那”古文字。语言是相互接触相互影响的，尽管北部方言因受到曼谷国语（官方语言）及多元文化等多种因素的影响，已经发生了一些变化，但北部方言仍然具有自己的语言特征和方言特点。这些特点主要体现在语音和词汇上。

一、语音系统

（一）声母

1. 单辅音声母

北部泰语的单辅音声母有 20 个，即 p t k ʔ ph th kh b d c f s h m n ɲ ŋ l j w，见表 2-12。

表 2-12　北部泰语单辅音声母表

部位 音类	唇音	唇齿音	齿龈音	硬腭音	软腭音	喉音
浊音	b		d			
清音（不吐气）	p		t	c	k	ʔ
重音（吐气）	ph		th		kh	
擦音		f	s			h
鼻音	m		n	ñ*（ɲ*）	ŋ	
边音			l			
颤音						
半元音	w			j		

这 20 个单辅音声母的例词如表 2-13 所示。

表 2-13　北部泰语单辅音声母例词表

p	pai^{33}去	b	bɔɔk^{22}告诉	n	nok^{55}鸟
t	tii^{24}打	d	daau^{33}星星	ɲ	ɲiŋ^{33}女人
k	kin^{24}吃	c	caaŋ^{24}清淡	ŋ	ŋaam^{33}美丽
ʔ	ʔaap^{22}洗	f	fai^{33}火	l	lom^{33}风
ph	phii^{24}鬼	s	sii^{24}颜色	j	juu^{22}在
th	thuuai^{43}杯子	h	hooŋ^{33}场所、院	w	wan^{33}天
kh	khan^{24}舀（水）	m	mɯɯ^{33}手		

2. 唇化辅音声母

北部泰语有 10 个唇化辅音声母，即：tw cw kw khw ʔw sw ŋw ɲw lw jw，例词如表 2-14 所示。

表 2-14　北部泰语唇化辅音声母例词表

tw	twaai 预测	sw	swaaŋ^{55}太长了
cw	cwaa^{43}抓、拿	ŋw	ŋwaai^{55}转过身来
kw	kwɛɛn^{22}优秀、很棒	ɲw	ɲwaa^{33}渗透
khw	khwan^{24}魂	lw	lwaat^{41}铺、倾斜
ʔw	ʔwaai^{22}回过头来	jw	jwaat^{41}滴、（水慢慢向下）滴

（二）韵母

韵母可以由元音充当，也可以由元音和韵尾结合而成。

（1）北部泰语有 9 组单元音，各分长短，共 18 个元音，形成长短对立的元音系统，即：i ii e ee ɛ ɛɛ ɯ ɯɯ ə əə a aa u uu o oo ɔ ɔɔ，如表 2-15 所示。

表 2-15　北部泰语单元音韵母表

舌位＼部位	前		中		后	
	短	长	短	长	短	长
高	i	ii	ɯ	ɯɯ	u	uu
中高	e	ee	ə（ɤɤ）	əə（ɤɤ）	o	oo
中低	ɛ	ɛɛ			ɔ	ɔɔ
低			a	aa		

单元音例词如表 2-16 所示。

表 2-16　北部泰语单元音韵母例词表

i	siʔ^{24}缝合	ɯ	nɯŋ^{22} 一,nɯŋ^{41}一	u	luŋ^{33}大伯
ii	mii^{33}有	ɯɯ	sɯɯ^{55}买	uu	khuu^{33}老师
e	cet^{55}擦	ə	pəʔ^{24}污泥	o	khon^{33}人
ee	leem^{41}本，册	əə	həəŋ^{24}野心、羡慕	oo	tuk^{33}too^{55}大壁虎
ɛ	sɛʔ^{24}锄（草）	a	cat^{24}安排	ɔ	mɔʔ^{24}合适
ɛɛ	kɛɛ^{43}解决	aa	maa^{33}来	ɔɔ	bɔɔ^{33}不

（2）另外还有三对复合元音，即：ia iia ɯa ɯɯa ua uua，例词如表 2-17 所示。

表 2-17　北部泰语复合元音韵母例词表

ia	piaʔ^{55}糜烂
iia	miia^{41}妻子
ɯa	khɯaʔ^{55}英武的样子
ɯɯa	mɯɯa^{24}回去，走
ua	phuaʔ^{55}烂、腐蛀
uua	phuua^{55}丈夫

（3）辅音和元音韵尾。北部泰语辅音或元音韵尾有 9 个，即：-p -t -k -ʔ -m -n -ŋ -j -w，其中半元音-j 可以标为元音-i，半元音-w 可以标为元音-u。这 9 个韵尾都可以同元音结合成为韵母，例词如表 2-18 所示。

表 2-18　北部泰语韵尾例词表

-p	sɔɔp^{22}考试 cep^{24}疼痛	-n	ʔaan^{22}读 lon^{55}溢满
-t	khwɛɛt^{22}规定 mot^{55}蚂蚁	-ŋ	nɔŋ^{55}弟弟、妹妹 fuŋ^{55}（香气）弥漫
-k	khwak^{24}中国客家人 sɔɔk^{22}肘	-j	kway^{24}（kwai^{24}）摇 khuj^{55}（用小爪棍子等）扒
-ʔ	naʔ^{55}正是、确是（语气助词）tiʔ^{24}指责、批评	-w	khaw^{43}（khau^{43}）进入 niw^{55}指头
-m	som^{43}酸 com^{24}沉没、淹没		

（三）声调

北部泰语有6个声调。

（1）第一调，上升调，调值为24。例词：$khwan^{24}$魂、fon^{24}雨

（2）第二调，中平调，调值为33。例词：bin^{33}飞、$khwan^{33}$烟

（3）第三调，低平调，调值为22。例词：kiŋ^{22}（树的）分枝、soŋ^{22}送

（4）第四调，中降低调，调值为41。例词：nim^{41}软、nuŋ^{41}穿（围裙）

（5）第五调，低调，调值为43。例词：san^{43}短 piŋ^{43}烤、烘

（6）第六调，高平调，调值为55。例词：lam^{55}越过、超过 niw^{55}指头

二、语音特点

北部泰语和中部泰语相比较，语音上的变化是比较多的，如 ʔaaŋ^{22}“读”（中部）、ʔaŋ^{22}“读”（北部）这两个词词义相同，中部元音为长音，北部元音为短音；如伞这个词“rom^{41}（中部）、hom^{41}（北部）”，这里辅音 r→h，即中部泰语辅音r对应变化成北部泰语辅音h。最大的语音特点就是复辅音脱落，大部分词汇意义基本保持不变（表2-19）。

表2-19　北部泰语与中部泰语复辅音脱落例词对应表

中部泰语复辅音	中部泰语	北部泰语
kr	khroŋ^{33}笼子、牢笼	khoŋ^{24}笼子、牢笼
kl	$kluuai^{41}$香蕉	$kuuai^{43}$香蕉
khr	$khruua^{33}$厨房	$khuua^{33}$厨房
khl	$khlui^{22}$笛子	$khui^{22}$笛子
tr	trai 极、非常	tai 极、非常
pr	$prap^{22}$改变	pap^{24}改变
pl	$plot^{22}$解放	pot^{24}解放
phl	phlɔɔi^{33}珠宝	phɔɔi^{33}珠宝

三、词汇特点

北部泰语和中部泰语相比较，大部分词汇和中部泰语词汇是相同的，但也有少数词汇称呼不一致（表2-20）。

表2-20　北部泰语与中部泰语少数词汇称呼不一致例词表

中部泰语	北部泰语
$maak^{41}$多、很多	$caat^{24}$多、很多
hai^{41}给、给予	sai^{22}给、给予
$mai^{41}mii^{33}$没、没有	bɔɔ^{22}mii^{33}没、没有

类似的词还有很多，这里不再一一例举。

第三节　东北部泰语

东北部泰语，是泰国东北地区大多数泰国人使用的方言，东北部泰语和中部泰语在语音、语调、词汇上都有所区别。东北部泰语使用人口约为一千八百多万，说东北部泰语的主要有16个府，即乌隆府、乌汶府、廊开府、莱府、沙功那空府、那空帕农府、孔敬府、玛哈沙拉堪府、黎逸府、也梭吞府、四色菊府、素攀府、武里喃府、猜也奔府、呵叻府、佛统府。除这16个府以外还涉及其他地区府下辖县或区。东北地区乌汶府、廊开府等靠近边境，与老挝和柬埔寨接壤，这里自古以来居住着两个大的族群，一个是泰老族群，一个是孟高棉族群。各民族长期共同生活在一起，对语言的发展变化也会带来或多或少的影响。实际上，东北部大部分府的东北部泰语和老挝语是同出一脉的，主要涉及老挝的两种方言，这和民族迁移、边境相连等因素有关。第一种方音为老挝"郎勃拉邦"音。"郎勃拉邦"是老挝古皇城的音，讲"郎勃拉邦"音族群，沿湄公河下游而居，有佛统府、素攀府、叻丕府、佛丕府、猜纳府，这些地区的东北部泰语语音上有5个声调。一般情况下，族群先辈从哪里来，便会带来那里的语言和文化。靠近中部的程逸府下辖的腊黎县，有一小部分族群先民从老挝迁移过来，他们讲的就是"郎勃拉邦"音。手工织布的工艺也是老挝传承的工艺，被称为法挝手工布（$phaa^{41}thɔɔ^{33}faak^{41}thaa^{41}$）。第二种方音为老挝首府万象音。老挝首府万象音是老挝现代官方标准音，语音上有6个声调，东北部一部分族群讲这类方言。本书以东北部乌汶府为标准音进行介绍。

一、语音系统

（一）声母

东北部泰语的单辅音声母有20个，即：p t k ʔ ph th kh b d c f s h m n ɲ ŋ l j w，见表2-21。

表 2-21　东北部泰语单辅音声母表

部位 / 音类	唇音	唇齿音	齿龈音	硬腭音	软腭音	喉音
浊音	b		d			
清音（不吐气）	p		t	c	k	ʔ
重音（吐气）	ph		th		kh	
擦音		f	s			h
鼻音	m		n	ñ（ɲ）	ŋ	
边音			l			
颤音						
半元音	w			y （j）		

这 20 个单辅音声母的例词如表 2-22 所示。

表 2-22　东北部泰语单辅音声母例词表

p	paa⁴⁴鱼	b	bɔɔ⁴³没	n	naa⁴⁴田
t	teɛŋ²⁴瓜	d	daŋ²⁴鼻子	ɲ	ɲam²⁴咀嚼
k	kəəp³³鞋子	c	cip⁴²饮、啜	ŋ	ŋaam⁴³美丽
ʔ	ʔaa²⁴女子	f	faŋ⁴⁴听	l	luuk⁴⁴子女
ph	phaa⁴⁴布	s	sop⁴²嘴	j	jaan³³害怕
th	thuu²⁴钝、尖	h	hɔɔm⁴²香	w	wa⁴³说
kh	khau⁴⁴,khaw⁴⁴粮食	m	man⁴³它（第三人称）		

（二）韵母

韵母可以由元音充当，也可以由元音和韵尾结合而成。

1. 单元音韵母

东北部泰语有 9 组单元音，各分长短，共 18 个单元音，形成长短对立的元音系统，即：i ii e ee ɛ ɛɛ ɯ ɯɯ ə əə a aa u uu o oo ɔ ɔɔ，如表 2-23 所示。

表 2-23　东北部泰语单元音韵母表

部位 / 舌位	前		中		后	
	短	长	短	长	短	长
高	i	ii	ɯ	ɯɯ	u	uu
中高	e	ee	ə	əə	o	oo
中低	ɛ	ɛɛ			ɔ	ɔɔ
低			a	aa		

单元音例词如表 2-24 所示。

表 2-24　东北部泰语单元音韵母例词表

i	sim^{24}耳语	ɯ	sɯa^{24}衣服	u	bak^{24}huŋ^{22}木瓜
ii	thii^{43}地点	ɯɯ	sɯɯ^{22}买	uu	juu^{43}在
e	kep^{22}采择	ə	bəŋ^{22}看	o	tok^{24}落下
ee	meen^{43}火葬厅	əə	ʔəən^{44}叫、唤	oo	koo^{33}就
ɛ	sɛp^{43}味道	a	dam^{22}黑色	ɔ	khɔn^{44}人
ɛɛ	thɛɛm^{42}添加	aa	laaj^{24}多	ɔɔ	khɔɔŋ^{42}物品

2. 复合元音韵母

复合元音韵即 ia ɯa ɯɯa ua。东北部方言里没有长元音 iia 和 uua，例词如表 2-25 所示。

表 2-25　东北部泰语复合元音韵母例词表

ia	sia^{24}消失
ɯa	sɯa^{24}衣服
ɯɯa	bak^{24}khɯɯa^{42}茄子
ua	kua^{43}比

3. 辅音和元音韵尾

东北部泰语的辅音韵尾和元音韵尾有 9 个，即：-p -t -k -ʔ-m -n -ŋ -j -w。其中-j -w 这两个半元音往往也可以标为元音-i 和-u。这 9 个韵尾可以与元音相结合构成韵母，例词如表 2-26 所示。

表 2-26　东北部泰语韵尾表

-p	sɛɛp^{44}美味、可口	-n	bon^{24}上面
-t	bit^{42}拧、纽	-ŋ	saaŋ^{33}水井
-k	phak^{22}蔬菜	-j	taj^{24}肾脏
-ʔ	kɔʔ^{24}吗	-w	waw^{44}说
-m	som^{43}酸		

（三）声调

东北部泰语有 6 个声调。

（1）第一调，上升调，调值为 24。例词：het^{24}做、naŋ^{24}电影

（2）第二调，中平调，调值为 33。例词：kin^{24}吃、paj^{33}去

（3）第三调，高平调，调值为 44。例词：waan^{44}天、naa^{44}田

（4）第四调，中降低调，调值为 43。例词：bəŋ^{43}看、thii^{43}地点

（5）第五调，低调，调值为 22。例词：caw^{22}你、khaw^{22}粮食

（6）第六调，高降低调，调值为 42。例词：caw^{42}他、ni^{42}这里

二、语音特点

东北部泰语最大的语音特点就是没有复辅音，中部泰语的复辅音与东北部泰语同类辅音的比较就表现为复辅音第二成分脱落，如复辅音 pl—p 、kr—k 、kl—k 等。此外，还有其他一些语音对应变化特点（表 2-27）。

表 2-27　东北部泰语与中部泰语语音对应变化例词表

语音	中部泰语	东北部泰语
辅音 r—h	rom^{41}伞	hom^{24}伞
元音 ɯ—i	sɯk^{22}还俗	sik^{42}还俗
元音 ee—ɛɛ	ʔeew^{33}腰	ʔɛɛw^{33}腰
元音 i—a	cim^{44}浸、蘸	cam^{41}浸、蘸

三、词汇特点

东北部泰语和中部泰语相比较，大部分词汇是相同的，个别词词义有差异，存在意义扩大或出现引申义等现象，如，“中部：siia^{24}坏了；东北部：sia^{24}消失”“中部：tuu^{41}柜子；东北部：tuu^{41}柜子、动物的角”。但也有一部分词义相同，叫法不一致（表 2-28）。

表 2-28　东北部泰语与中部泰语词义相同叫法不一致例词表

中部泰语	东北部泰语
ca^{22}muuk^{22}鼻子	daŋ^{24}鼻子
wan^{33}nii^{453}今天	mɯɯ^{44}nii^{33}今天
phii^{41}chaaj^{33}（chaai^{33}）大哥	ʔaaj^{44}大哥
tham^{33}做	het^{42}做
duu^{33}看	bəŋ^{43}看
fak^{22}thɔɔŋ^{33}南瓜	bak^{24}ʔɯ^{24}南瓜

类似的词还有很多，这里不再一一例举。

第四节　南 部 泰 语

南部泰语，是泰国南部地区大多数人使用的方言，南部泰语和中部泰语在语音、语调、词汇上都有所区别。南部泰语使用人口约为六百六十多万，操南部泰语的主要有 14 个府，即素叻他尼府、攀牙府、博他侬府、洛坤府、普吉府、宋卡府、沙敦府、甲米府、董里府、惹拉府、百大年府、陶公府、春蓬府、拉农府。说南部泰语的各府或各府下辖的县或区，会有南部泰语方音的细微差别，根据其语音和词汇南部泰语可分为两大类。一类是（东）南部泰语，此类南部方音比较接近中部泰语，在元音上受中部音影响较大。另一类是（西）南部泰语，此类南部方音同样也受到中部泰语的影响，主要体现在尾辅音上。

一、语音系统

（一）声母

1. 单辅音声母

南部泰语的单辅音声母有 21 个，即：p t k ʔ ph th kh b d c ch s h m n ɲ ŋ l r j w，见表 2-29。

表 2-29　南部泰语单辅音声母表

音类＼部位	唇音	唇齿音	齿龈音	硬腭音	软腭音	喉音
浊音	b		d			
清音（不吐气）	p		t	c	k	ʔ
重音（吐气）	ph		th	ch	kh	
擦音			s			h
鼻音	m		n	ɲ	ŋ	
边音			l			
颤音			r			
半元音	w			j		

这 21 个单辅音声母的例词如表 2-30 所示。

表 2-30　南部泰语单辅音声母例词表

p	paj^{343}去	b	bin^{343}飞	n	naŋ^{22}电影
t	taa^{343}眼睛	d	daau^{343}星斗	ɲ	ɲaj^{453}大
k	kin^{343}吃	c	caŋ^{343}极、很	ŋ	ŋɯaʔ^{44}齿龈
ʔ	ʔii^{343}女	ch	chaan^{453}我	l	lop^{44}回
ph	phɔɔ^{343}父亲	s	sak^{44}一（次）	r	rɔj^{231}美味
th	tham^{343}做	h	haa^{44}五	j	jaa^{343}别、不
kh	khaa^{453}腿	m	mɛɛ^{22}妈	w	waa^{343}说

2. 复辅音声母

南部泰语的复辅音声母有 13 个，即：pr phr tr kr kl khr khl phl pl mr ml br bl，其中 ml br bl 这三个音使用频率不多，例词很少。例词如表 2-31 所示。

表 2-31　南部泰语复辅音声母例词表

pr	prɯɯa^{453}肮脏	khr	khraan^{343}懒惰	ml	mlaai^{22}口水
phr	phra^{44}冬瓜	khl	khlaai^{22}相似	br	briɯaŋ^{231}后天
tr	traa^{343}标记	phl	phleeŋ^{343}歌曲	bl	blɔɔk^{44}勿烦扰
kr	krɔɔp^{22}框子	pl	plaa^{343}鱼		
kl	klaa^{32}敢于	mr	mroʔ^{231}讨厌		

3. 唇化音声母

南部泰语中有 2 个唇化音声母，即 kw khw（表 2-32）。

表 2-32　南部泰语唇化音声母例词表

kw	kwaat^{32}打扫
khw	khwaaj^{231}水牛

（二）韵母

韵母可以由元音充当，也可以由元音和韵尾结合而成。

1. 单元音韵母

9 组单元音各分长短，共 18 个单元音，形成长短对立的元音系统，即：i ii e ee ɛ ɛɛ ɯ ɯɯ ə əə a aa u uu o oo ɔ ɔɔ，如表 2-33 所示。

表 2-33　南部泰语单元音韵母表

部位 舌位	前		中		后	
	短	长	短	长	短	长
高	i	ii	ɯ	ɯɯ	u	uu
中高	e	ee	ə	əə	o	oo
中低	ɛ	ɛɛ			ɔ	ɔɔ
低			a	aa		

单元音例词如表 2-34 所示。

表 2-34　南部泰语单元音韵母例词表

i	chim^{231}品尝	ɯ	nɯŋ^{231}一	u	nuj^{21}弟妹
ii	chii^{21}指明、指出	ɯɯ	sɯɯ^{21}买	uu	khuu^{22}对、双
e	cep^{343}疼	ə	hən^{231}钱	o	ko^{343}青蛙
ee	wee^{21}停顿	əə	thəəŋ^{453}到达	oo	kooŋ^{343}弯曲、奸诈
ɛ	rɛk^{22}首次、初次	a	ka^{343}就	ɔ	cɔʔ^{343}凿洞、抽出
ɛɛ	mɛɛ^{22}母亲	aa	maa^{343}来	ɔɔ	hɔɔn^{453}冠、肉冠

2. 复合元音韵母

3 个复合元音，即 ia ɯa ua，例词如表 2-35 所示。

表 2-35　南部泰语复合元音韵母例词表

ia	mia^{231}妻子
ɯa	sɯa^{44}衣服
ua	hua^{453}头

3. 辅音和元音韵尾

南部泰语的辅音韵尾和元音韵尾有 9 个，即-p -t -k -ʔ-m -n -ŋ -j -w。其中，半元音-j 可以标为元音-i，-w 可以标为-u。例词如表 2-36 所示。

表 2-36　南部泰语韵尾表

-p	kap^{343}菜肴	-n	baan^{22}家
-t	laat^{44}市场	-ŋ	laŋ^{453}以后
-k	rɛɛk^{22}首次、初次	-j	suaj^{453}美丽
-ʔ	mroʔ^{231}讨厌	-w	caw^{32}你
-m	saam^{453}三		

（三）声调

南部泰语有 7 个声调，如下：

（1）第一调，上升调，调值 453。例词：$chaan^{453}$我

（2）第二调，降调，调值为 343。例词：$paai^{343}$走

（3）第三调，升高降低调，调值为 231。例词：$l\varepsilon\varepsilon^{231}$看

（4）第四调，低平调，调值 22。例词：$rɯaŋ^{22}$事

（5）第五调，高平调，调值 44。例词：$phɯŋ^{44}$蜜蜂

（6）第六调，中降低调，调值 32。例词：$baan^{32}$家

（7）第七调，低降调，调值 21。例词：$l\varepsilon\varepsilon u^{21}$了

二、语音特点

南部泰语同中部方言相比，中部泰语没有辅音 ɲ，南部泰语有这个辅音；中部泰语的复辅音在北部和东北部泰语里表现为第二成分脱落，但在南部泰语里仍然保留；中部泰语的 l，在南部泰语中是鼻音 n，等等。例词如表 2-37 所示。

表 2-37　中部泰语与南部泰语语音差别例词表

中部泰语		南部泰语	
$luuk^{41}$	子、个（量词）	$nuaj^{453}$	子、个（量词）
jai^{22}	大	$ɲai^{453}$	大
jaa^{33}	药	jaa^{231}	药
$khruu^{33}$	老师	$khruu^{231}$	老师

三、词汇特点

南部泰语同中部泰语相比，有自己的一些词汇特点，如词汇意义扩大化、词汇意义引申等，如表 2-38 所示。

表 2-38　中部泰语与南部泰语词义差异例词表

中部泰语	南部泰语
$nam^{453}phɯŋ^{41}$蜂蜜	$nam^{21}phɯŋ^{44}$蜂蜜、白砂糖
$jaam^{33}$时期、一段时间	$jaam^{453}$钟表
$piiak^{22}$潮湿	$piak^{343}$潮湿、多嘴多舌

我们对泰国四种方言的基本情况进行了一些分析，通过分析可以看出，泰国中部官方语言和其他三种方言相互之间都有很多联系，由于全面推行以中部泰语曼谷音为标准音，对方言造成了一定的影响。任何一门语言都

不是孤立存在的，通过相互接触，语言相互借用可以不断丰富完善自己。相对来说，和中部泰语联系最为密切、相似性最大的是南部泰语。就四种方言总体情况进行分析，从语音系统上来看，复辅音是一大区别点，中部泰语保留着比较完整的中、高、低复辅音系统，东北部、北部没有复辅音；北部保留的唇化音 thw cw ʔw sw hw lw 中部音里没有；中部音里发[j]的，在方言里分别发为[j]和[ɲ]，中部音发[ai]的，在方言里发[ai]和[aɯ]；此外，在声调上也有所区别，中部泰语 5 个声调，东北部泰语和北部泰语有 6 个声调，南部泰语有 7 个声调。从词汇系统上来看，大部分词汇相同，个别方言有自己的方言词词汇。例如，“镜子”中部称为“$kra^{22}cok^{22}$”，北部称为“$wɛɛn^{41}$”。从语法系统上来看，一致性比较大，基本语序：主语一谓语一宾语，都是中心语在前，修饰成分在后。名词、数词和量词组合时，都是名词＋数词＋量词的顺序。总的来说，泰语的国语（中部泰语）和三个部的泰语有很多共同之处，同时，四种方言又有各自的特征，这些特点主要表现在具体的个体方言当中，具体下来还有很多语言情况值得一一分析。我们来看泰国四种方言的单辅音音素对比表，如表 2-39 所示。

表 2-39　泰国四种方言的单辅音音素对比表

部位 音类	唇音	唇齿音	齿龈音	硬腭音	软腭音	喉音
浊音	b		d			
清音（不吐气）	p		t	c	k	ʔ
重音（吐气）	ph		th	ch**	kh	
擦音		f ***	s			h
鼻音	m		n	ñ *（ɲ*）	ŋ	
边音			l			
颤音			r**			
半元音	w			y （j）		

辅音说明：中部泰语没有的辅音用*表示，东北部和北部泰语没有的辅音用**，南部泰语没有的辅音用***表示。

第五节　方言差异形成的原因和途径

如前面所述，泰语属于壮傣语支语言，它和国内壮傣语支属于亲属语言，有着错综复杂的关系；泰语以及各地的方言与我国的傣语在语音、词汇、语法有许多相同之处。除此之外，也有一些不同的特点，这就是方言形成的特征。语言是人类重要的交际工具，语言在历史长河中不断发生变化。壮傣语支中各亲属语言的语音、词汇等，由于多方面的因素而出现了变化，形成明显的差异性。造成亲属语言之间差异的原因是多方面的，但就壮傣语支词汇的本质来看，主要是由语言的内部因素和外部因素相互影响构成。

一、语言内部因素

语言系统形成差异的内部因素，主要有语音变化、语言传承、语言接触等多个层面。

（一）语音变化

语音变化是造成词汇变化比较常见的内部因素之一。由于泰、傣、壮、布依四种语言是亲属语言，在语音系统上它们之间可以找到对应关系。根据之前学者的调查得知，云南傣语仍有地域上音韵和词汇的差异，例如，版纳、德宏、金平三种方言各有一套本方言的文字，这些方言文字代表着方言音系与口语的异同情况。文读音和现代语音的差别是存在的，以版纳方言为例，现代老傣文中的短元音 o 和 e 在鼻音韵尾前已分别读为 u 和 i；德宏方言唇化音声母普遍脱落。又如，壮侗语复辅音声母的演变途径是 pl/pr—pj—p（倪大白，2010），pj 和 p 在云南的广南、富宁等县均有分布，例如，“鱼”泰语 $plaa^{33}$—壮语 pja^{35}—傣语 pa^{33}，可以明显看出复辅音声母第二成分的脱落，在云南的丘北、砚山壮语中也仅存留着 p，可看出声母的演变途径。布依语在语音方面声母分为单纯、腭化、唇化 3 类，塞擦音声母较少，除个别地区外，固定词中无送气声母等。总之，傣语、壮语、布依语从原始侗台语分化出来后，语音方面发生了很大变化，如浊辅音声母清化，长短元音的差别逐渐消失，塞音韵尾不稳定，鼻音韵尾发生了合流或脱落等。语音变化使词汇发生变化，出现同音词、双音化现象，在语流音变中出现少部分合音词等现象。

（二）语言传承

壮傣词支词汇的变化，是一个动态的复杂的演变过程，在整个演变过程中又保留并传承着相当数量的同源词。正如李如龙（2007）所提出的那样，从历史的角度看纷繁复杂的方言词汇，无非是传承词、变异词、创新词、借用词四大类。这一观点虽然指的是汉语方言词，但同样适用于壮傣语支的各语言的词汇系统。例如，“脚”这个词是一个古同源词，壮语：$tən^{42}$，傣语：tin^{33}，布依语：$tɯn^{33}$，泰语：$tiin^{33}$，泰语里的“$tiin^{33}$脚”在泰语国语里是（山）“脚”，或边、滨等意思，至于人的“脚”，则用另一借词 $thau^{453}$“脚[①]”来表示，这符合传承、变异及借用的观点。又如“我”，壮语：ku^{55}，布依：$kəu^{33}$，傣语：ku^{33}，泰语：kuu^{33}，这个人称代词是一个古老的同源词，在国内壮傣民族语中普遍使用，泰语里也有这个词，一般场合是不使用的，它被认为是个不礼貌的第一人称代词。因此，由于受传承程度及社会因素的影响，形成了词汇差异。

（三）语言接触

语言的产生、发展和存在不是孤立的，人类迁移、政治及经济贸易等多种因素，都会使语言不可避免地产生接触。语音、词汇、语法都会发生一些变化，通过输出和借入来丰富自身的词汇系统，以便于更好地交际。世界上任何一门语言都会有一定数量的借用词。泰、壮、傣、布依语由于不可避免地和不同时期的汉语或其他民族语接触，因此也会向中古汉语及近现代云南官话借用汉语词汇，或向其他语言借用词汇，这些都是造成词汇差异的因素。泰语、傣语受佛教文化影响，由于外来语的语言接触，在早期的词汇系统里有一定数量的巴梵语借词，如傣语：$sam^{55}pa^{55}ti^{55}$财产，$soi^{35}thai^{55}$奉供，$sa^{55}tsa^{55}ʔa^{33}tii^{11}than^{55}$祷念。

（四）词的内部结构

词的内部结构的差异性，也是造成词汇差异的因素之一。由不同来源的借词组合成新词构成词汇差异。比如“海”，壮语：hai^{33}，布依：$haai^{24}$，（西双版纳）傣语：$sa^{55}mut^{55}$，在这里，壮语和布依语借用的是汉语的“海”，傣语借用的是佛教用语。相同的同源词所构成的新词，意义也会出现差异，如 $maak^{22}$，在壮、傣、布依语中是“水果”的意思，但是在现代泰语里是

① 借词“$thau^{453}$”，笔者查阅过相关书籍及字典，也同泰国学者进行过讨论，泰国学者多认为这是一个外来词，不是泰语本土词。

“槟榔”的意思。泰语早先作为“水果”的词，音变为 ma^{453}后往往和其他语素结合成为构词前缀（$ma^{453}p^{h}raau^{453}$椰子），语音从长元音变为短元音“ma^{453}”，调值也从 22 调变为 453 调。又如“子弹”，壮语：$mak^{11}tʃhuŋ^{11}$，布依：$ma^{13}çɔŋ^{13}$，傣语：$maak^{11}kɔŋ^{31}$，泰语：$luuk^{41}kra^{22}sun^{24}$。由此，我们可以说 $maak^{22}$“水果”，是这些民族语言的同源词，但是在各民族语新词的构成过程中，所选的构词语素并非完全一致，类似的情况还有很多，这也是造成词汇差异的因素之一。

二、语言外部因素

语言词汇系统形成差异的外部因素，主要有地理因素、历史因素、风俗文化影响。

（一）地理因素

“傣泰民族”是指分布在中国及东南亚、南亚国家的具有渊源关系的傣族与泰族。傣泰民族是一个跨境民族，傣泰语是跨境语言。泰国的泰族，有自古以来就居住在本地的，也有从外地迁移而来的。泰民族是分布于东南亚、南亚地区的一个较大的族群，主要分布在越南、老挝、缅甸、泰国、印度等国家，在缅甸的称为掸族。我国的傣族主要聚居在云南西双版纳傣族自治州、德宏傣族景颇族自治州以及耿马、孟连、金平、新平、元江、马关、普洱、腾冲等 30 多个县。傣族的居住地有些与缅甸、越南、老挝等国接壤。傣族依水而居，很多地名及词与水有关。云南壮族主要居住在文山壮族苗族自治州、红河哈尼族彝族自治州等地，与广西壮族自治区连成一片。布依族主要分布在云南省曲靖市，和贵州省相邻。泰、壮、傣、布依，历史上是处在农耕社会，很多词及地名与田地有关。当代泰国的文化是以泰国固有的传统文化为基础，融合了中国文化、印度佛教文化、马来文化、远古的孟高棉文化等而形成的多元文化。从地理位置上来看，泰语又不断受到印度巴利语、梵语、孟高棉语、汉语、英语等语言的影响，因此在其语音系统里有专门为外来语借词设计的语音音素。

（二）历史因素

关于壮傣民族的共同祖先、族源问题、历史迁徙及民族分化等，众多的论著里都有论述，有很多观点在学术界一直存在争议。著名民族学家徐松石的《泰族壮族粤族考》（1947）、江应樑先生的《傣族史》（1983）、黄惠焜的《从越人到泰人》（1992）等著作、文献都从不同的角度，论述了百越民族的起源，以及文字的形成。他们普遍认为，古越人是壮侗语族的祖先，而越人自古就分布在南方的土地上。由此可见，壮傣语支的语言也是随着历史发展、时代变迁逐渐分化形成差异的。

（三）风俗文化影响

风俗文化对词汇也有很大的影响，南传佛教于公元前就传入东南亚各地区，佛教在东南亚地区流行，傣文和泰文都是来源于佛教的、在此基础上演变而成的文字。傣语词汇里借用了相当数量的佛教用语词汇，丰富了傣语的词汇系统。壮族和布依族，由于所处环境不同，没有佛教传入，在其词汇系统里没有借入佛教用语。由于借词来源不同，增加了词汇间的差异程度。说起大象，大家都不陌生，以“大象”这个同源词为例：壮语 ʧaaŋ^{55}，傣语 tsaaŋ^{53}，布依 ɕaaŋ^{55}，至今大象在泰国都是吉祥物，泰国高等学府清迈大学的标志就是大象，校园里的树和草坪都修剪成象的形状。泰国南邦府又是历史上有名的驯象基地。在云南有好多与大象有关的地名，比如有名的“澜沧江”，其意思就是“百万头大象”聚集之江。陇川阿昌语“tɕhaŋ^{55}象”，也是借自傣语。这正是受百越民族的乘象与役象风俗文化的影响。

第三章　泰语国语语音声学特征分析

第一节　声调的声学特征

泰语国语声调有五个，一般用五度值描写为：/22/、/33/、/24/、/453/、/41/。我们以一个男性的发音数据为例，分析各个声调的基频特征，现将各声调的声学特征描述如下：

一、泰语国语/22/调的音高特征

泰语国语有一个低平的调子，通常记做/22/（称作 T1），我们具体测量了这个声调在随机抽样的 20 个音节中的基频特征，作图 3-1。

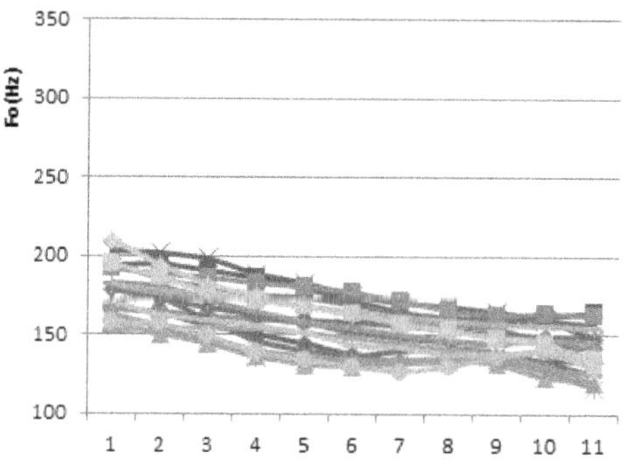

图 3-1　泰语国语/22/调的音高特征图

以下是具体测量值。其他各声调测量方法类似，具体测量值从略，见表 3-1。

由图 3-1 和表 3-1 可以看出，T1 调的基频实际表现是有略微下倾，所有样本都有这一共同趋势。因为音高的自然下倾趋势，这个微弱的基频下降可能并不会被感知为降，所以被习惯记为平的调型。当然，准确地确定平还是降还需要进一步的感知实验，从音位区分的角度来说，写成平或降都不会有问题，只是要注意与另一个平调的区分。

表 3-1　泰语国语/22/调的音高特征测量值表

Word	f0_onset	f0_1	f0_2	f0_3	f0_4	f0_5	f0_6	f0_7	f0_8	f0_9	f0_offset	Duration	Tone
膝盖 khau^{22}	167.09	163.53	155.33	150.69	144.34	138.19	133.25	133.03	135.7	134.49	133.08	0.740679	22
种族 phau^{22}	194.11	195.37	190.43	185.95	179.63	171.07	164.83	159.36	157.61	161.85	164.98	0.677302	22
以备 phɯɯa^{22}	203.54	202.41	198.21	188.6	182.93	175.07	170.12	168.55	165.14	160.48	148.02	0.670043	22
席子 sɯɯa^{22}	194.72	185.35	179.28	174.63	173.75	169.33	164.07	161.7	160.07	159.01	156.68	0.655948	22
适宜 mɔ^{22}	166.34	165.09	161.96	159.73	158.07	157.58	158.18	157.4	155.12	145.11	140.61	0.370488	22
饵 jɯɯa^{22}	183.08	180.94	172.38	160.61	158.3	151.23	147.96	145.65	144.54	148.9	132.74	0.795253	22
吠 hau^{22}	171.29	173.87	158.74	145.85	139.51	136.72	140	142.27	140.42	133.82	125.52	0.769932	22
腾空 hɔ^{22}	151.99	152.97	154.44	153.55	151.71	147.94	144.42	141.12	138.43	128.38	125.49	0.276987	22
裂开，张开 bɛ^{22}	178.31	172.63	167.11	162.33	159.01	158.33	156.15	153.74	151.61	149.38	147.83	0.45972	22
欢呼 hoo^{22}	192.08	188.68	185.67	183.1	180.65	176.61	171.39	165.88	163.04	163.77	162.82	0.689623	22
大，主要 jai^{22}	158.16	150.14	144.14	136.71	131.52	130.39	131.84	134.29	132.2	122.78	119.84	0.614452	22
新 mai^{22}	162.59	155.68	147.42	140.37	136.39	134.87	134.01	135.63	137.49	130.86	119.7	0.613831	22
鸡 kai^{22}	162.42	154.78	145.52	135.85	133.35	133.12	132.23	132.76	133.85	128.2	116.77	0.633928	22
蛋，卵 khai^{22}	157.5	157.05	149.55	139.19	133.95	130.29	127.03	129.52	136.45	140.37	129.91	0.483186	22
余 kwaa^{22}	182.1	175.88	171.66	164.22	158.38	154.48	149.93	147.06	144.84	147.09	145.81	0.686702	22
建设 kɔɔ^{22}	181.83	177.92	175.26	171.85	168.45	164.77	161.75	158.99	156.52	155.79	154.55	0.634184	22
消息 khaau^{22}	170.12	162.7	159.55	155.67	151.65	143.64	141.76	137.44	137.76	141.1	134.16	0.682848	22
骑 khii^{22}	209.63	193.56	181.69	175.15	167.62	162.43	158.16	151.94	148.96	146.82	128.6	0.715504	22
桁条 khɯɯa^{22}	195.63	185.68	177.69	171.96	167.61	163.73	156.56	153.16	148.42	143.98	135.79	0.880655	22
井，池，坑 bɔ^{22}	179	175.11	169.14	162.46	160.28	155.05	148.64	144.55	147.25	147.4	144.24	0.6676	22

二、泰语国语/33/调的音高特征

泰语国语还有另一个习惯记做平调/33/的调（称为 T2）。我们对读 T2 调的音节的基频进行抽样统计，发现 T2 调在采集的男发音人的发音中，基本上都在 150Hz 以上（图 3-2），而 T1 有一半的声调曲线落在了 150Hz 之下。更为重要的是 T2 调的主体基频曲线是平的（占 70%左右时长），因此描述为平调比较合适（图 3-2）。

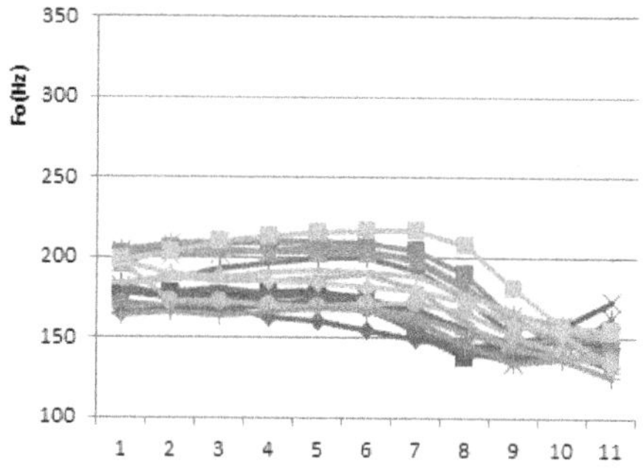

图 3-2　泰语国语/33/调的音高特征图

比较 T2 和 T1 的基频分布图，可以看到二者在声学空间上有重叠，尽管总体来说，T1 比 T2 要低。这样，T1 和 T2 在感知层面可能还需要调型曲线来辅助。具体来说，T1 调的语音目标略低，呈现下倾趋势。

三、泰语国语/24/调的音高特征

泰语国语有一个上升调型，通常记做/24/（称为 T3）。它的具体声学表现如图 3-3 所示。

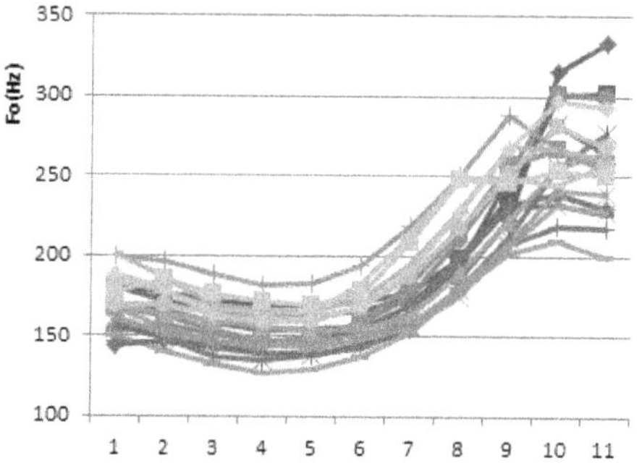

图 3-3　泰语国语/24/调的音高特征图

从图中的各声调变体曲线可以看出，每条线都是从自然状态的基频略微下降然后上升到高点，这是典型的全升调型。起点是音域低点，发音目标是基频高点。不过这个声调从声学表现上与下面一个声调有一些相似，二者都有基频高点。

四、泰语国语/453/调的音高特征

泰语国语中有一个先升后降的凸调，通常记做/453/（称为 T4）。从图 3-4 声调变体的曲线束可以看出，直接从基频中高位置上升到高点，然后下降。下降的时长占比不大，这段下降是否是感知上的必要条件还需要感知实验来证明。仅从声学特征表现来说，高起点上升是一个主要声学表现。这点与 T3 不同，T3 是要求基频先下降到低点，从低点开始升。

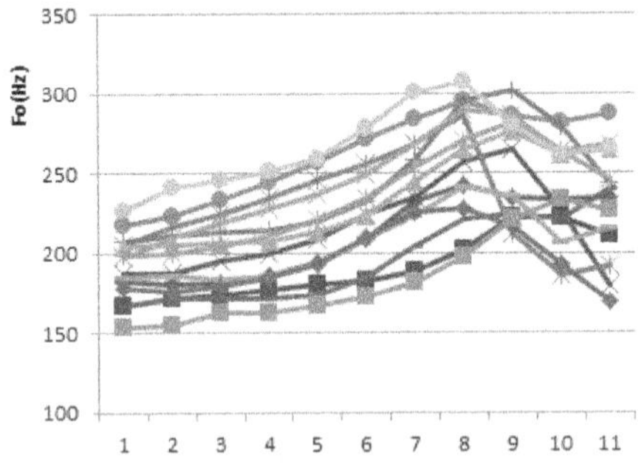

图 3-4　泰语国语/453/调的音高特征图

五、泰语国语/41/调的音高特征

泰语国语的降调是一个比较典型的全降调型（称为 T5），从音域高点起步，以低点为发音目标。具体声学表现见图 3-5。

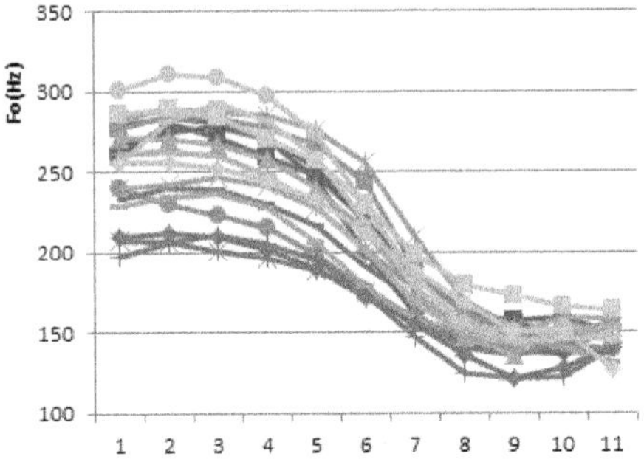

图 3-5　泰语国语/41/调的音高特征图

六、泰语国语声调的声学空间及归一化表示

用石锋先生提出的T值法对基频进行归一化，结果如图3-6所示。

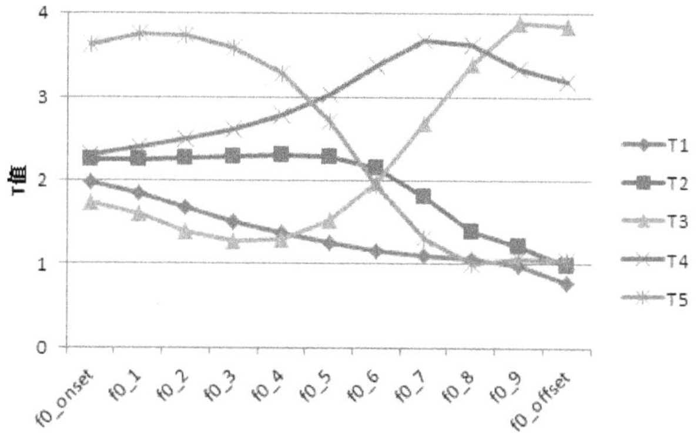

图3-6　泰语国语声调的声学空间及归一化表示图

根据以上T值图，泰语国语的五个声调可以用五度制表示为：低降调22（T1）、中平调33（T2）、全升调24（T3）、凸调344（T4）、全降调41（T5）。

用Lz-Score的方法对基频进行归一化，如图3-7所示。

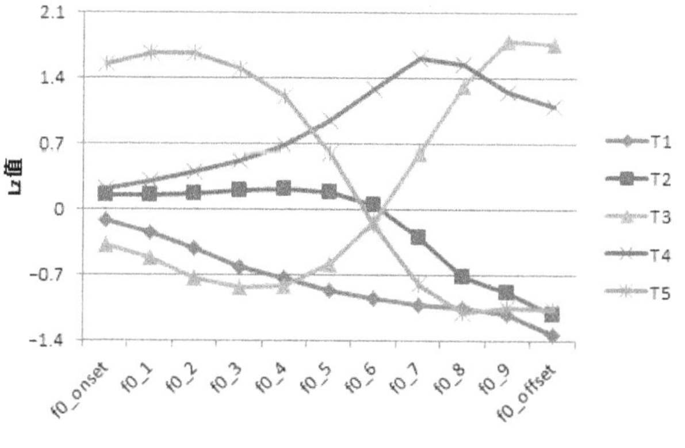

图3-7　用Lz-Score的方法对基频进行归一化图

根据上图的LZ值，五个声调的调型和五度制描写可以依次为：低降调21（T1）、中平调33（T2）、全升调15（T3）、凸调354（T4）、全降调51（T5）。

将用两种归一化方法得到的五度值与传统习惯的凭感觉记音比较，发

现 T 值法与根据语感的记音基本一致，除了凸调记法与传统记音略有差别，可以记做角调。

第二节　元音的声学特征

一、泰语国语单元音的声学特征

泰语国语单元音（含长元音）韵母有长短对立的 9 对 18 个音位：a、ɔ、e、ɛ、ə、i、ɯ、o、u、aa、ɔɔ、ee、ɛɛ、əə、ii、ɯɯ、oo、uu。我们对泰语国语单元音的共振峰特征做了测量，如图 3-8 所示。

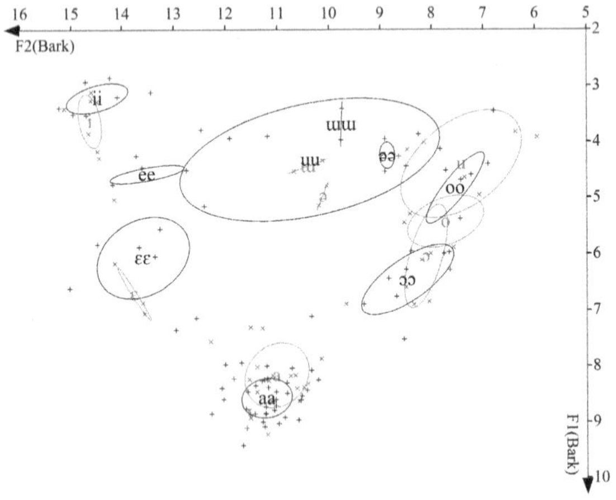

图 3-8　泰语国语单元音的声学特征图

从单元音的声学空间图可以看出，对短元音来说（灰色椭圆），前元音音位声学空间分明，彼此没有重叠，后高元音的声学空间有较多重合。从长元音来看（黑色椭圆），每个元音的声学空间都很分明。从长短元音的对比来看，总体上讲，长元音的声学空间略高。

二、泰语国语二合元音的声学特征

泰语国语双元音（含长元音）和大多数东方语言一样，语音地位有主有次，这个主次主要体现在发音动作时长上。取双元音的中段可以一定程度反映二合元音的组合性质，如果前主后次则中段共振峰偏向于前面元音的特征，反之也一样。石锋先生的语音格局也是基于这一点来给有组合关系的元音分级。我们用这个来分析处在组合中的元音声学表现，后面三合也是如此。二合元音的详细情况如图 3-9 所示。

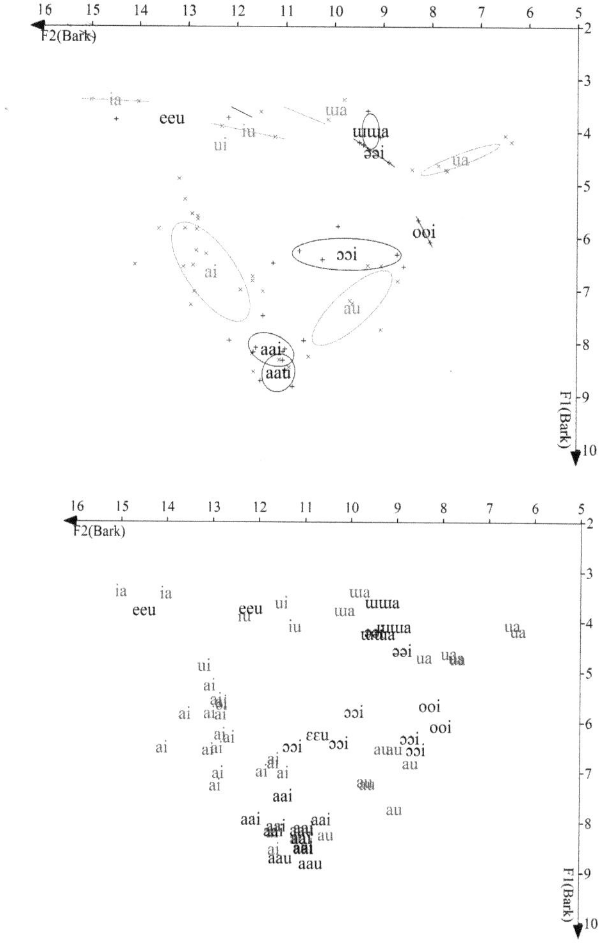

图 3-9　泰语国语二合元音的声学特征图

三、泰语国语带鼻尾二合韵中元音的声学特征

鼻尾二合韵（含长元音）中元音的声学特征如图 3-10 所示。

四、泰语国语带塞尾二合韵中元音的声学特征

塞尾二合韵（含长元音）中元音的声学特征如图 3-11 所示。

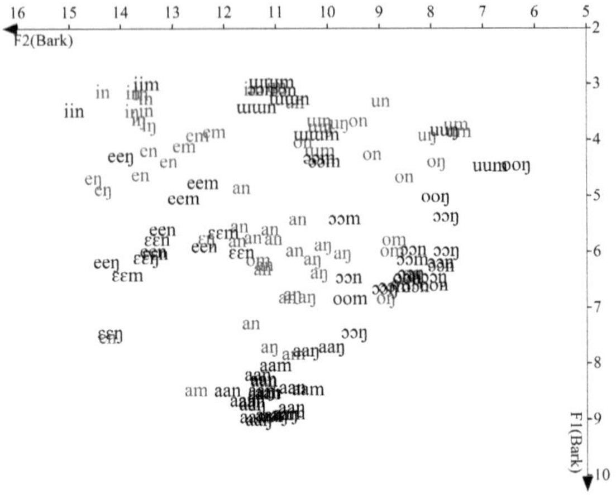

图 3-10　泰语国语带鼻尾二合韵中元音的声学特征图

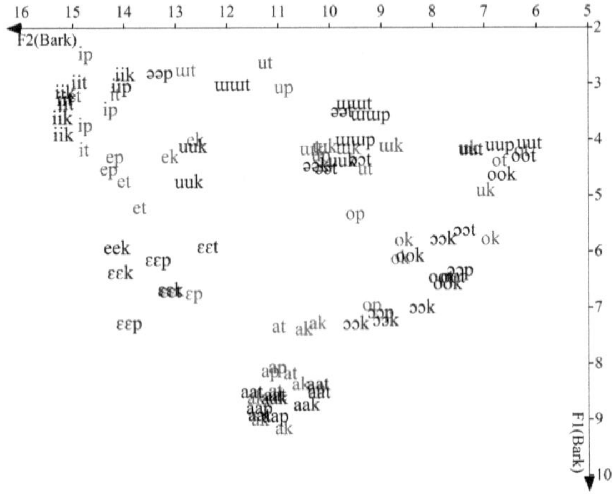

图 3-11　泰语国语带塞尾二合韵中元音的声学特征图

五、泰语国语三合元音的声学特征

三合元音的声学特征如图 3-12 所示。

六、泰语国语带鼻尾三合韵中元音的声学特征

带鼻尾三合韵中元音的声学特征如图 3-13 所示。

七、泰语国语带塞尾三合韵中元音的声学特征

带塞尾三合韵中元音的声学特征如图 3-14 所示。

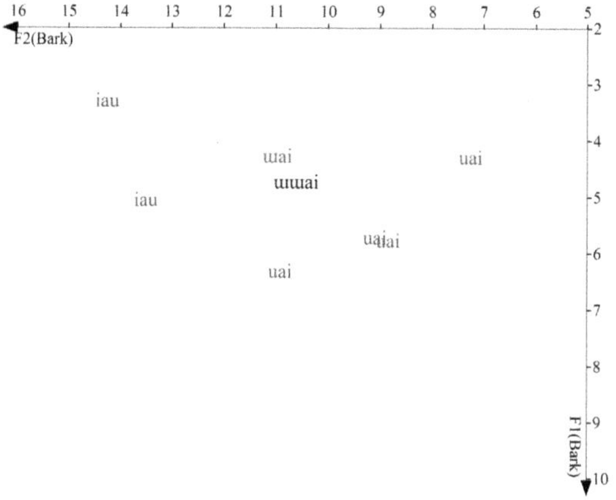

图 3-12　泰语国语三合元音的声学特征图

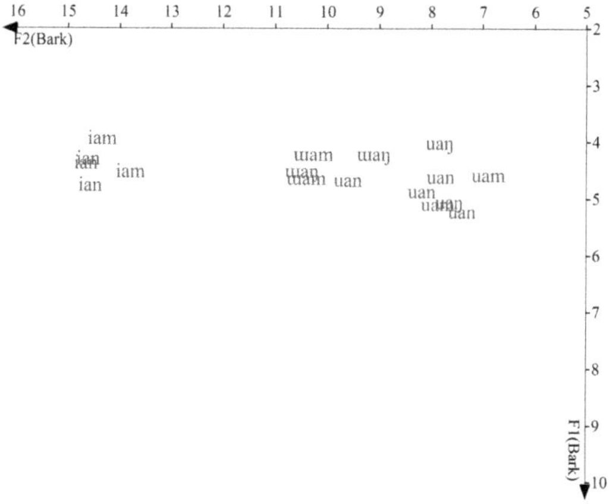

图 3-13　泰语国语带鼻尾三合韵中元音的声学特征图

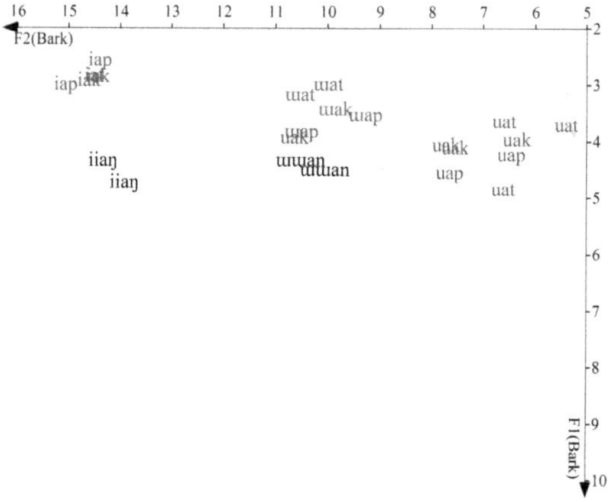

图 3-14　泰语国语带塞尾三合韵中元音的声学特征图

第三节 辅音的声学特征

一、泰语国语塞音的声学特征

泰语国语的主要塞音列表如下，我们对它们的声学参数进行了测量（表 3-2）。

表 3-2 泰语国语的主要塞音列表

唇音	龈音	硬腭音	软腭音	喉音
p	t	c	k	ʔ
ph	th	ch	kh	
b	d			

这些塞音有五个发音部位，除了喉塞音声学表现不稳定外，其他四个发音部位的音均可以用音轨特征来描述。

塞音音轨方程：f2_midPart = k* f2_Onset + b

测量结果如下：

（一）唇音（表 3-3）

表 3-3 泰语国语唇音测量值表

例词	辅音	元音	第二共振峰起点 f2	第二共振峰中心 f2
遇见 pa^{22}	p	a	10.250619	10.59484412
分发 pan^{33}	p	a	10.16331	10.50018878
蔬菜 $paak^{22}$	p	aa	10.337938	10.5593747
年 pii^{33}	p	ii	14.953082	14.72254373
修补 po^{22}	p	o	7.359425	7.081164471
最末 poo^{22}	p	oo	7.5196678	7.242279427
高脚盘 $phaan^{33}$	ph	aa	11.273544	11.29540326
岩石 $phaa^{24}$	ph	aa	10.897449	10.98357496
劈 $phaa^{22}$	ph	aa	10.655786	10.87030906
带领 $phaa^{33}$	ph	aa	11.042759	11.09362186
父亲 $phɔɔ^{41}$	ph	ɔɔ	8.6494986	8.6915004
足够 $phɔɔ^{33}$	ph	ɔɔ	7.8601157	7.667780317
筏 $phɛɛ^{33}$	ph	ɛɛ	14.460276	14.4978188
蜜蜂 $phɯŋ^{41}$	ph	ɯ	10.306696	10.12970687
啪（象声词）$phua^{453}$	ph	u	6.5606247	8.198957859
肩膀 ba^{22}	b	a	10.488817	10.66420217
薄 $baaŋ^{33}$	b	aa	10.187303	10.35789684
村 $baan^{41}$	b	aa	10.212371	10.43958809
叶子 bai^{33}	b	ai	10.242325	13.06072844
藕 bua^{33}	b	ua	6.1758706	6.48732841

从图 3-15、表 3-4 可以看出，唇音的音轨在 7.5—10.5Bark，/b/音位的 R^2 值 0.7661 比较小，表明受后接元音影响较大，声学表现不够稳定。

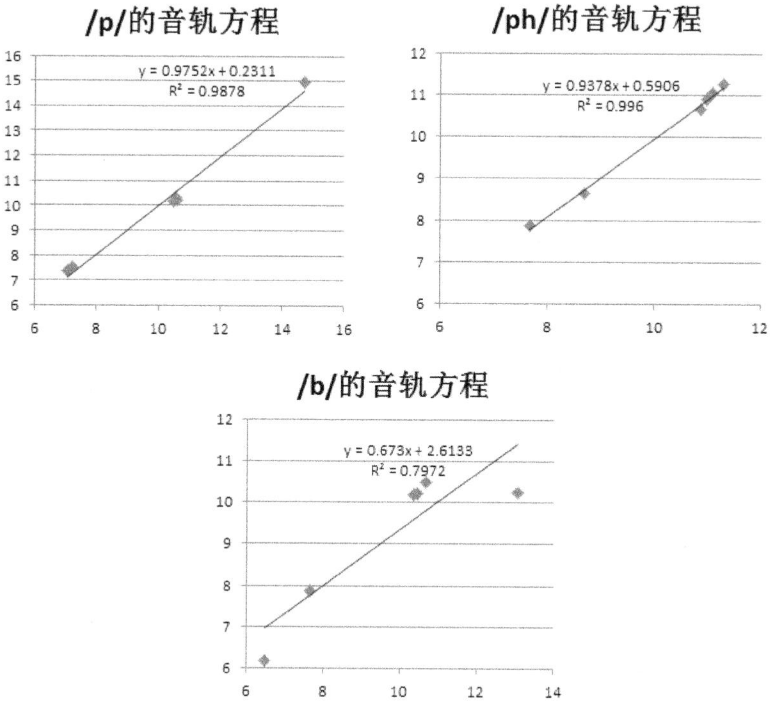

图 3-15　塞音/p/ /ph/ /b/的音轨方程图

表 3-4　唇音音轨表

音位	音轨(Bark)	k	b	R^2
p	9.318548	0.9752	0.2311	0.9878
ph	10.29932	0.9706	0.3028	0.9962
b	7.866015	0.6828	2.4951	0.7661

（二）龈音（表 3-5）

表 3-5　泰语国语龈音测量值表

例词	辅音	元音	第二共振峰起点 f2	第二共振峰中心 f2
舂 tam^{22}	t	a	10.718408	10.63512766
实心 tan^{33}	t	a	10.92928	10.75721641
眼睛 taa^{33}	t	aa	11.138344	11.18785712
遇见 $tsə^{22}$	t	ə	11.185464	10.05204714
桌子 to^{453}	t	o	7.8621299	7.587238486
花蕾 $tuum^{22}$	t	uu	12.387162	12.58107183

续表

例词	辅音	元音	第二共振峰起点 f2	第二共振峰中心 f2
岩洞 tham41	th	a	12.225734	11.5290313
基础 thaan24	th	aa	11.549257	11.26146706
问 thaam24	th	aa	11.276748	11.23318373
涂 thaa33	th	aa	11.511578	11.4469135
旗 thoŋ33	th	ɔ	8.6731954	8.426240255
织 thɔ33	th	ɔ	8.4146745	8.021677745
金子 thɔɔ33	th	ɔɔ	8.0915868	7.768972254
你 thəə33	th	əə	9.0357098	8.990331006
你，他 thəə33	th	əə	8.841128	8.647879584
省 thoo33	th	oo	7.9023101	7.437508814
袋子 thuŋ24	th	u	7.2583079	5.955066854
黑 dam33	d	a	11.878561	11.52409207
黑 dam33	d	a	11.887633	11.55027288
孩子 deek223	d	ee	13.50958	13.6146681
红 dɛɛŋ33	d	ɛɛ	13.320732	13.67560957
好 dii33	d	ii	14.886554	14.23576184
凶恶 du22	d	u	8.3230589	8.474534243
看 duu33	d	uu	8.3174048	6.79503302

表 3-5 表明，辅音 t 后接元音 uu 时 f2 起点最高，后接元音 O 时 f2 起点最低；辅音 th 后接元音 a 时 f2 起点最高，后接元音 u 时 f2 起点最低；辅音 d 后接元音 ii 时 f2 起点最高，后接元音 uu 时 f2 起点最低。

从图 3-16、表 3-6 可以看出，龈音的音轨在 12—15Bark，塞音/t/的音轨方程斜率最小为 0.8789，说明 f2 音轨下降最缓，塞音/th/的音轨方程斜率最大为 0.9009，说明 f2 音轨下降最快。

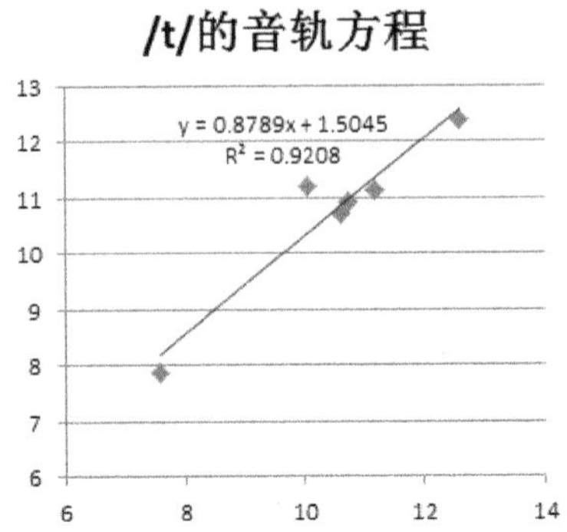

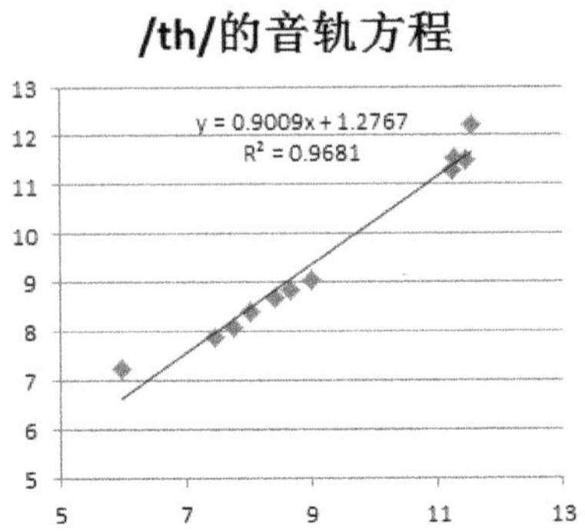

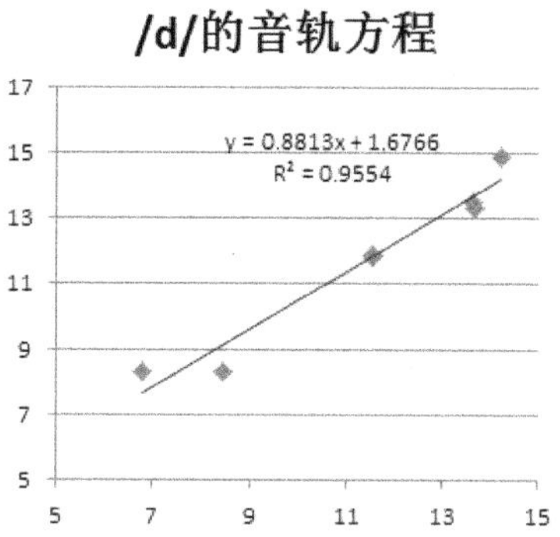

图 3-16　塞音/t/ /d/ /th/的音轨方程图

（三）硬腭音（表 3-6）

表 3-6　泰语国语硬腭音测量值表

例词	辅音	元音	第二共振峰起点 f2	第二共振峰中心 f2
盘子 caan33	c	aa	11.130012	11.30847142
雇 caaŋ41	c	aa	11.404706	11.23612725
开支 caai22	c	ai	11.681119	11.6760236
心 cai33	c	ai	10.940928	12.6289579
主人，官 cau41	c	au	11.470053	11.12320604
顶峰 cɔɔm33	c	ɔɔm	9.3056951	8.368663307
大象 chaaŋ453	ch	aaŋ	11.116596	11.04406806
仓库 chaaŋ24	ch	aaŋ	11.099624	10.71048566
大象 chaaŋ453	ch	aaŋ	11.560012	11.34744327
伤痕 cham453	ch	am	10.788867	12.56462312
我 chan24	ch	an	11.52534	11.71113252
陡 chan33	ch	an	11.546616	11.75373488
树木 chəə33	ch	əə	9.4151086	8.917992968
小钹 chin22	ch	i	13.337564	14.61867903

表 3-7，辅音 c 后接元音 ai 时 f2 起点最高，后接元音 ɔɔm 时 f2 起点最低；辅音 ch 后接元音 i 时 f2 起点最高，后接元音 əə 时 f2 起点最低。

表 3-7　龈音音轨表

音位	音轨(Bark)	k	b	R^2
t	12.42362	0.8789	1.5045	0.9208
th	12.88295	0.9009	1.2767	0.9681
d	14.12468	0.8813	1.6766	0.9554

从图 3-17、表 3-8 可以看出，硬腭音的音轨在 10—11Bark，塞音/c/的音轨方程斜率最小，为 0.4931，说明 f2 音轨下降最缓，塞音/ch/的音轨方程斜率最大，为 0.5962，说明 f2 音轨下降最快。

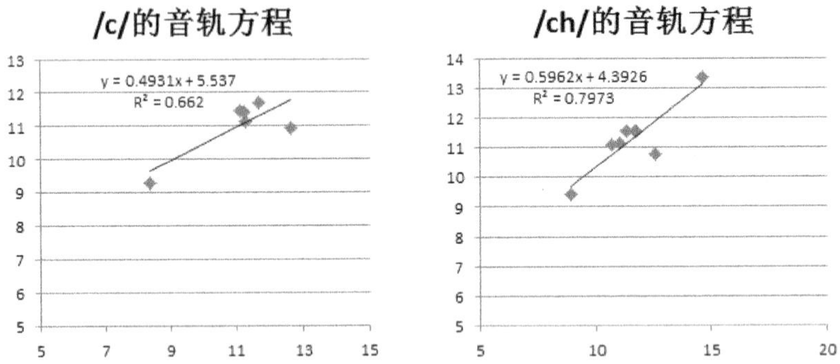

图 3-17　塞音/c/ /ch/的音轨方程图

表 3-8　硬腭音音轨表

音位	音轨(Bark)	k	b	R^2
c	10.92326	0.4931	5.537	0.662
ch	10.87816	0.5962	4.3926	0.7973

（四）软腭音（表 3-9）

表 3-9　泰语国语软腭音测量值表

例词	辅音	元音	第二共振峰起点 f2	第二共振峰中心 f2
鱼刺 kaaŋ^{41}	k	aa	11.210469	11.26248585
尴尬 kəə^{41}	k	ɔ	8.6321629	8.497132431
绵羊 kɛ^{22}	k	ɔɔ	8.6855354	8.504556349
吃 kin^{33}	k	ɛ	14.304527	14.14837373
岛屿 kɔ^{22}	k	əə	8.8453376	8.917155788
堆积 kɔɔŋ^{33}	k	i	15.08896	15.13071717
一种蕉 ku^{22}	k	u	6.115405	6.372303954
语气 kha^{453}	kh	a	11.200836	11.4040477
腿 khaa^{24}	kh	aa	12.079497	11.60340426
跨 khaam^{41}	kh	aa	12.141778	11.67807202
答应 khaan^{24}	kh	aa	10.973822	11.16388125
特别小 khɛ^{453}	kh	ɔ	7.5060661	7.36392342
人 khon^{33}	kh	ɔ	8.1287476	8.052297932
脖颈 khɔ^{33}	kh	ɔ	7.9608846	8.350158788
敲门 khɔ^{453}	kh	ɔɔ	7.6269584	7.454322708
请求 khɔɔ^{24}	kh	ɛ	13.951888	13.57195234

表 3-9 表明，辅音 k 后接元音 aa 时 f2 起点最高，后接元音 u 时 f2 起点最低；辅音 kh 后接元音ɛ时 f2 起点最高，后接元音 ɔ 时 f2 起点最低。

从图 3-18、表 3-10 可以看出，软腭音音轨在–7.5—–10Bark，塞音/k/的音轨方程斜率最小为 1.0141，说明 f2 音轨下降最缓，塞音/kh/音轨方程斜率最大，为 1.0485，说明 f2 音轨下降最快。

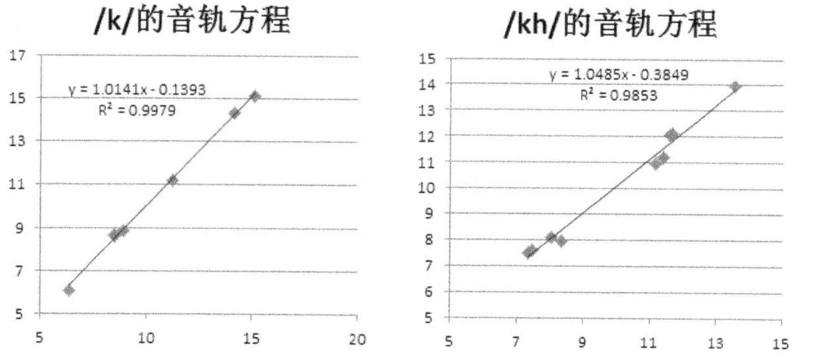

图 3-18　塞音/k/ /kh/的音轨方程图

表 3-10　软腭音音轨表

音位	音轨(Bark)	k	b	R^2
k	9.87943	1.0141	0.1393	0.9979
kh	7.93608	1.0485	0.3849	0.9853

（五）小结

将所有塞音的音轨参数放在一起可以看出：首先，不同发音部位的音轨值分布区间有明显区别。软腭音音轨最小，为–7.5—–10Bark；其次是唇音 7.5—10.5Bark；之后是硬腭音，为 10—11Bark；最大的是龈音，为 12—15Bark。唇音和软腭音音轨 Bark 值分布区间的绝对值一样，这两类音在语音表现和感知上都有密切的关系。

二、泰语国语擦音的声学特征

我们对泰语国语三个擦音/f/、/s/、/h/进行了声学测量。从能量重心看，/s/的频谱重心最高，三个主要擦音的能量频率重心依次为：/s/＞/f/＞/h/。从分散程度上看，擦音分布总体比较分散，/s/分散度最大，在擦音二维空间上的分布范围也最广。具体如图 3-19 所示。

表 3-11　塞音音轨测量值表

部位	音位	音轨(Bark)	k	b	R^2
唇音	p	9.318548	0.9752	0.2311	0.9878
	ph	10.29932	0.9706	0.3028	0.9962
	b	7.866015	0.6828	2.4951	0.7661
龈音	t	12.42362	0.8789	1.5045	0.9208
	th	12.88295	0.9009	1.2767	0.9681
	d	14.12468	0.8813	1.6766	0.9554
硬腭音	c	10.92326	0.4931	5.537	0.662
	ch	10.87816	0.5962	4.3926	0.7973
软腭音	k	9.87943	1.0141	0.1393	0.9979
	kh	7.93608	1.0485	0.3849	0.9853

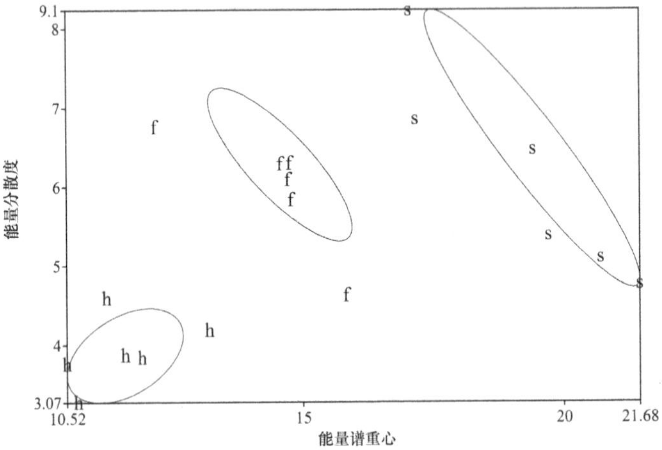

图 3-19　泰语国语擦音的声学特征图

第四章　泰语数据库建设方法和过程

泰语有声数据库建设是一项涉及面广的繁琐工程，整个制作过程涉及方方面面的工作，需要一个团队的共同协作努力才能完成，为此我们根据泰语有声数据库建库的实际情况，做了大量的前期准备工作及后期开发工作。我们将工作任务分为三大部分来实施：①前期准备阶段。包括团队人员的确定、软件使用的确定、数据库建设可行性分析、数据库建设的方法及思路、数据库建设规模、语音材料收集制作、语料录入数据库。②数据平台应用阶段。对已收集好的语料进行分析整理，用斐风系统将整理好的语料进行科学的分析和录入。这个过程是一个综合性的复杂过程。我们选择的软件系统，能对语言材料进行合成，构建成网络平台，进行数据化管理。③数据库的检索和维护。这是最后一个阶段，在前面两部分圆满完成之后，将数据库里的内容通过斐风软件进行全面检索，通过同音校验进一步确保数据的准确性。

第一节　前期准备阶段

一、组织团队调查

本数据库的建设是一个综合性的工程，不但需要语言专业人员，而且需要技术人员的配合与支持。本数据库建设的语料均按照项目负责人设计的方案进行收集整理得来。围绕研究方向积极进行调查收集整理研究工作。项目先后分三个阶段，历时两年完成。

（一）第一阶段

2015 年 1 月—3 月，制作调查大纲，召集团队人员开会，进行分工安排。并聘请专家召开了项目开题论证会，会议就数据库建设可行性、数据平台的开发利用、语料的收集整理、项目重点和难点进行了讨论，专家们提出了很多宝贵的指导意见，为项目的研究奠定了良好的基础。

（二）第二阶段

2015 年 4 月—2016 年 3 月，整理筛选语料词条，制定调查词表，筛选句子，确定句型和语篇，主要由负责人撰写语料大纲，确定词条。同时，开展语言调查，对本次调查内容全面负责，让两名研究生参与进来，记录并协助操作计算机录音，使学生得到了语言调查的锻炼。通过本次调查整理，我们详细收录了泰语词条、语法例句、语篇十余万字的语言一手材料，为泰语有声数据库建设提供了详细的语言材料支撑。

（三）第三阶段

2016 年 3 月—11 月，我们利用在泰国访学的便利条件，开展语言实地田野调查，继续数据录入、数据库平台建设，并补充本次调查的录音数据，完成泰语有声数据库建设工作。

二、语音材料收集

泰语有声数据库建设离不开语音材料收集，因此语音材料收集是一个重要环节。为提高语音材料的质量我们从两个方面入手。

（一）语料大纲设计

关于语料我们从自然话语开始，泰语是单音节型语言，单音节数量占多数，在语音处理方面以音节为基础，同时还兼顾到音素和词。我们所用的软件在这方面技术比较成熟，只要按步骤进行实际操作即可。斐风软件系统可以自动将音素、音节、词语等不同单位进行转换，并保持原始语音的真实性合成一个个音频文件，保证录音的质量。为了能达到目的，在选择语料时无论是质量还是数量上我们都严格把关。收集的语料内容覆盖面广泛，既能反映泰民族文化生活，也能为我们的语言研究打下基础，可以从语音、词汇、语法多个层面对泰语进行分析和研究。此次建库是以中部泰语为主，在保证中部泰语建库的情况下涉及部分泰语方言词汇，所以语料大纲包括三大块内容，其中语音、词汇这一块我们投入比较大。三块内容具体如下：

1. 词汇集

采录词条2万多条（27978条），其中中部泰语18594条，其他三种方言每种方言3128条共计9384条。一般情况下每种方言的词条3000～5000条就能符合要求，所收集的词汇以固有词为主，兼顾少数外来词。三种方言我们分别收集3000条以上的词条。此次调查涉及的中部泰语词汇量比较大是基于三个原因。第一，数据库语料是以中部泰语为重点。第二，词汇量越大对该语言记录越详细，是一个从数量到质量上的飞跃。词汇多，所切分的语素也就更多，即使删减一些经检验不合标准的语素，我们仍然还剩余很多语素，确保数据准确，足够研究，更有利于进行历史比较和历史层次的深入研究。第三，和技术人员合作，利用Office宏将字符串分拆成符合指定格式的段落，再将这些段写入Excel文件中形成词库数据表。词库数据表的用处很多，其中之一就是可用数据表1万多个词汇做成一本便携式电子词典，这本词典可以根据需要增减词条，极其方便研究者和学习者按需要查询词条。这1万多个词汇涉及政治、经济、文化历史等多个方面，其词条排列方式，完全按泰语辅音首字母进行顺序排列。为便于对中部泰语、北部方言、东北部方言、南部方言四种方言进行比较，我们确定了一张调查词表，调查词表是根据南开大学中文系汉语侗台语研究室内部发行的《侗台语调查手册》中的“侗台语言调查词表”来制定的，从泰语的实际情况出发确定了3128个词条。这些词都是日常生活的常用词、固有词及核心词，包括天文、地理、称谓等，按不同的词层级进行分类。各个词条主要根据名词、动词、形容词、数词、量词、代词等词类进行归类，每个大的词类下又按照所表述事物的类别再次进行详细分类。下一级的分类尽量满足泰语语言本体研究的需要，既要考虑覆盖面，又要考虑词条是否具有代表性，所以我们对各个小类进行归纳分类，例如，名词下分类排序为天象、地理名词、矿物及其他无生命的自然物名词、方位、时间名词、动物名词、植物名词等。其他词类如量词、代词、介词也作了细致分类。

泰语词典图表如图4-1所示。

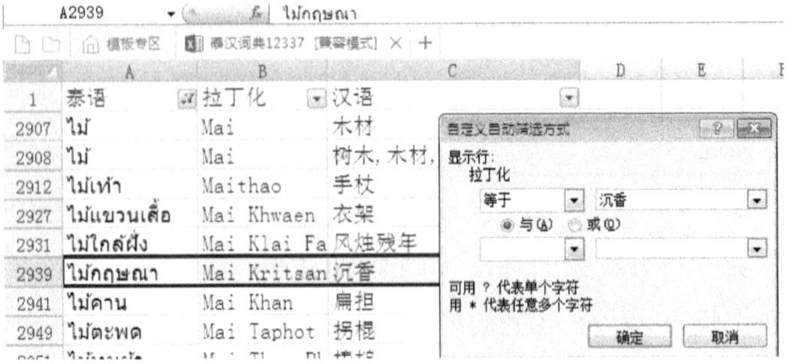

图 4-1　泰语词典图表图

从这个图表我们可以看出，这本泰语电子词典由 1 万多个词条的 Excel 语料表导入，分为 A、B、C 三个区，A 区为泰语，B 区为拉丁文转写，C 区为汉语，可以根据中、泰文的需要插入“自定义自动筛选方式”区域中进行检索，检索内容将呈现在 A、B、C 三个区内。

2. 句型

泰语句子 500 句。我们的语法调查大纲是根据侗台语言语法调查提纲来制定的，结合泰语的实际情况，满足语法分析的需要，确定了 500 个句型。这些句型都是日常生活的常用句型，分为 67 个类，每一个类下包括数量不等的句型。内容涉及面广泛，尽量考虑到泰语的语法规则，句型多样化有利于深入研究。各个类分别为：关于“名词能不能重叠？有几种重叠方式？”的句型、表方位和表数字的句型、双宾语句型、复指成分句型、陈述句句型、祈使句句型、主从复句句型等，每类句型下都包含数量不等的实例句子。

3. 语篇

谜语 500 条，长篇语料 10 篇。谜语涉及泰国四个地区的谜语，内容广泛，分成不同的种类，例如：人物类谜语、植物类谜语、动物类谜语、时间类谜语、用具类谜语、文学作品类谜语、地名类谜语、宗教类谜语，等等。长篇语料选取的是泰国地方志传说故事等。

（二）数据录入

数据录入是在语料大纲设计完成的情况下进行的第二项工作，这项工作为后期数据库建设及今后的应用开发奠定了不可缺少的基础。语料大纲完成后，我们就要挑选发音合作人，调试录音器材，安装斐风软件，选择录音地点，以保证录音质量和数据准确。使用先进的语音录制器材及语音软件，能测定人耳难以察觉的声学特征。为科学地记录语音，采样率调制为44100Hz，通道为立体声，解析度16位的采样精度，录单音字或词时，将录单长度设置为5秒，波形长度显示为5秒，如果录制语篇，就增加这两个时长。在数据录入之前，根据所整理出来的泰语语料表，仔细分析并辨别语料中各词条的发音特点、语法特点、构词特点，对语料表的内容进行认真梳理，尽量做到细致准确，敲定成稿。最后，请录音人按语料表内容朗读录入。

三、选择发音人

本次调查语言为泰语，选择的录音人均为泰国籍人员。泰语方言录音者，选定从小在各方言区长大能说纯正方言的母语者。

主要发音合作人简介如下：

（1）提××，泰籍，男，1994年出生，职业为学生，本科学历，只会说中部泰语。

（2）素××•××，泰籍，女，1994年出生，职业为学生，本科学历，自幼至今居住在泰国清迈，能说泰北部方言和中部泰语。

（3）昆××•××，泰籍，女，1993年出生，职业为学生，本科学历，自幼至今居住在泰国洛坤府，能说泰南部方言和中部泰语。

（4）泰××，泰籍，女，1992年出生，职业为学生，研究生学历，自幼至今居住在泰国黎逸府，能说东北部方言和中部泰语。

（5）珑××，泰籍，女，1980年出生，职业为公司职员，本科学历，自幼至今居住在泰国程逸府，平时主要说中部泰语和北部方言。

（6）陈××，泰籍，女，1996年出生，职业为学生，本科学历，自幼至今居住在泰国清迈，能说泰北部方言和中部泰语。

第二节　数据平台应用阶段

本项目的调查研究使用潘悟云先生开发的民族语言调查分析系统软件，即斐风系统软件，国际音标使用云龙国际音标系统。很多语言学工作者都曾使用过斐风软件，一致认为，此软件适用于田野调查，其优点是：

录音、记音、校音、多点比较等工作，均可以一体性完成。同时该软件是教育部中国语言资源有声数据库建设的指定软件之一。泰语语音系统复杂，有复辅音、复元音等，对于这类比较难以处理的语言，斐风系统都能有效地处理。此外，运用斐风系统可以降低专业门槛和资金成本，使用该软件可以保证语音“高保真”的质量。在过去，传统的语言调查有些工作步骤需要同期进行，无形中成倍增加了发音人和语言记录者的工作量。使用该软件，工作程序比较灵活，可以先录音，后期再对语音进行校验和归纳整理。无论是人力、物力、质量，还是技术等方面的工作效率都得到了大大提高。所以，我们选择斐风系统软件来开展项目研究工作。总的来说，本项目的田野调查，是传统方法与现代科技相结合。为了得到稳定的、高保真的录音，我们采用了 IBM 电脑、M-box mini 外置声卡、拜亚动力卡农口话筒，对调查的每个词条进行了较为保真的录音。

一、语言文字材料的整合

语言文字材料的整合，是整个项目研究工作较为重要的一步，应同语言学专家、技术人员等进行密切合作。因此，工作过程中分工协作，请语言学专家分析论证，指出不足，进行专业的调整修改。分为以下几个工作环节：①收集需要录音的文字材料。②注上泰文或用云龙国际音标标音。中部泰语有通行的文字，都注上泰文和音标，北部泰语、南部泰语、东北部泰语没有通行文字，我们用国际音标标注。③文字翻译。对每一个词条、句子和语篇进行加工整理，翻译成汉语。根据语言所表达的事物的实际情况采用直译或意译，力求使翻译出来的中文符合原语言语义。④补充环节。对语言材料的特殊情况特殊处理，补充语言的背景资料，对语言整体情况进行描述和注释，尽量掌握了解泰语每种方言的基本情况。这个环节通过对母语者询问及查阅文献来完成。⑤录音入库。录入高质量的音频文件，在录音过程中请发音人根据调查词表逐条解说，及时对错误词义进行更正，在后期工作中还将反复听辨，多次验证、归纳音系，并对错误的标音进行勘正。 这样做出来的材料经得起鉴定和考证，才有实用价值，有利于历时比较和共时比较的深入研究，有利于在今后的声学分析当中发挥作用。

二、数据库平台的构成

泰语数据库平台的构成，包括设计数据库的存储结构，配置数据库实现软硬件平台。鉴于其具有的标准化和高保真度，斐风系统中也使用基于PCM 编码 ，研究人员也可以日后根据其需求再进行格式的转换。该系统主要由“语言点管理”模块、“调查录音”模块和“声韵调校验”模块三个模块组成，这三个模块下面又包括相对应的子模块。相互运作，可以准确高效地记音、校音、记录语义，最后能生成说明泰语语言特征的音系图及语言特征图等。如图 4-2 所示。

图 4-2　数据库平台构成图

在“语言点管理”模块中，语言点可以单个点或多个点同时进行管理。以我们自己所做的语言调查点为例，当打开语言点模块时，就可以展现泰语中部语言点、东北部方言点、北部方言点、南部方言点等所有方言点。建设新建语言点，导入不同点的语料表时，系统将自动进行记音检测，并自动生成语言点管理目录。以中部泰语为例，语言点管理→切换语言→中部泰语，就能进入泰语中部语言点，接下来就有对应的系统模块对当前语言点进行语言调查和语言数据库的规范管理。作为系统录入和库存建设，除了泰语的国语和方言之外，还收集了泰语的亲属语言：傣语的语音和词汇，如德宏傣语和西双版纳傣语，将用于今后的语言对比研究。如图 4-3 所示。

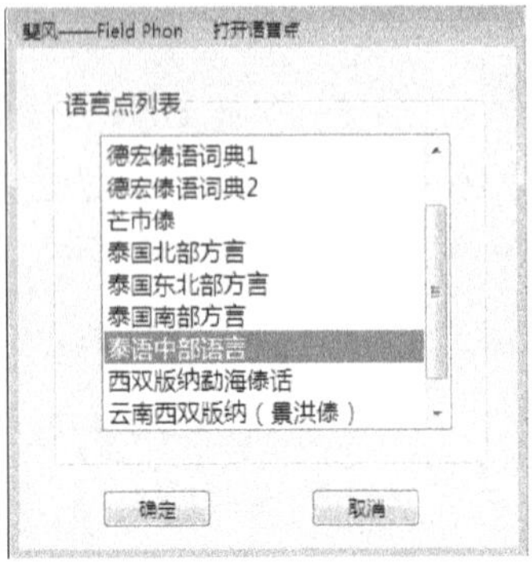

图 4-3 “语言点管理”模块图

为了让每个语言点的信息完整，我们匹配了“地理信息”、“发音人信息”及“备注”。斐风地理信息数据，根据“中华人民共和国行政区划代码”进行编码，所以调查国外点时，需要自己进行备注说明。如图 4-4 所示。

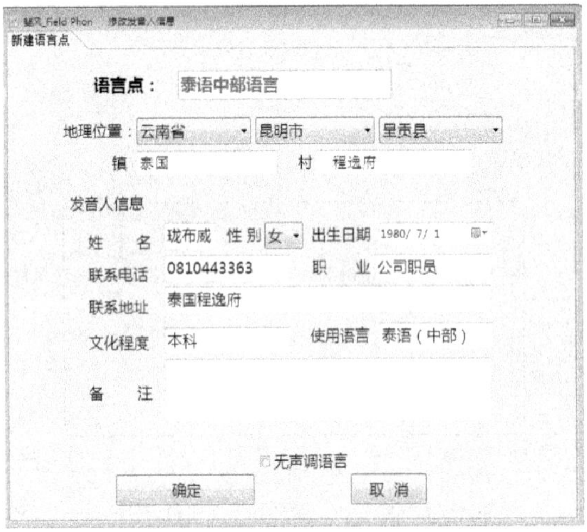

图 4-4 语言点信息详图

三、建立数据库信息

利用上述软硬件平台，建立一个新的数据库信息门户。数据库就是 Access 数据管理软件，然后是普通的文件夹，由硬件平台和软件平台共同组成，外部为多媒体文件，内部为数据表搭配，相互共建搭成一个有对应关系的基础语料库数据系统。这样的一个数据库，将来可以对声、韵、调、语义等进行分析，为声学研究等提供一个分析结果数据，可进行深层次的研究和语料交流。因此，这个基础语料库，其功用是多样化的。对于调查得到的数据材料，系统分为三类保存：用户字/词表、切分细节表、录音数据。每个语言点都包含三类数据集。该数据集里有图形、音频、文字，三位一体，可以从管理平台入手根据各自的需要进行数据库检索，以方便我们识读、学习、存取和听取语言材料。具体建设步骤如下：

（一）用户字/词表

将调查而得的语料全部做成一个总表即 Excel 语料调查表。这个表是语料主表，每一个语言点都必备一个。不同的语言导入不同的语料表，同时每导入一次就会将前面导入的重新覆盖。Excel 语料调查表，在导入前要做到详细记录，检查、确定之后导入用户字/词表。如果在录音过程中，发现语料有误，可以根据需要再次进行修订。修订包括词义、标音、读音或者删除、增加等多种更正。如果录音完成，不能导入新的词表内容，新词表内容会重新全面覆盖旧词表的内容，从而造成偏差和录音不能一一对应。以泰语为例，如图 4-5 所示。

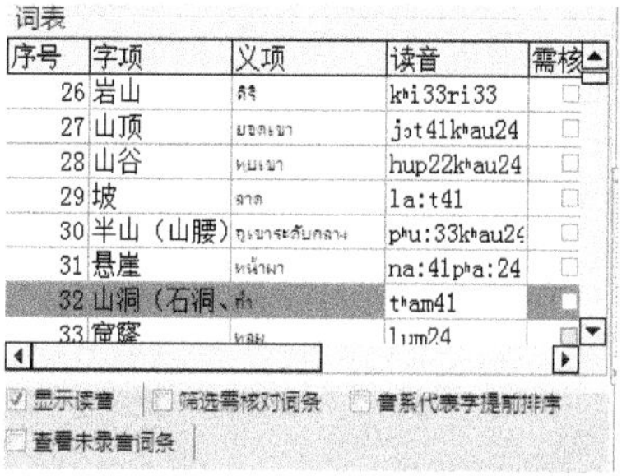

图 4-5　用户字/词表图

（二）切分细节表

“切分细节表”是对 Excel 语料调查表里每一个词进行科学的语素切分，在切分工作完成之后，再检查一遍，确定有无错漏的切分。无论之前所切分的词是单音节词还是多音节词，通过切分，都能形成语素切分表，将每个音节展现出来。完成的音节包括三个要素，即：声、韵、调。指对上述主表的语料进行逐个切分，该表每个词条的音节切分情况顺序排列为：序号→音节号→义项→读音→音节→声母→韵母。以泰语为例，如图 4-6 所示。

序号	音节号	词项	义项	读音	音节	声母	韵母	前滑音	主元音	后滑音	韵尾	前置辅音
1	1	天	วัน	wan33	wan33	w	an		a		n	
2	1	太阳	อาทิตย์	ʔaa33tʰit41	ʔaa33	ʔ	aa		a		a	
2	2	太阳	อาทิตย์	ʔaa33tʰit41	tʰit41	tʰ	it		i		t	
3	1	月亮	ดวงจันทร์	dua:33can33	dua:33	d	ua:	u	a		:	
3	2	月亮	ดวงจันทร์	dua:33can33	can33	c	an		a		n	
4	1	星星	ดาว	da:u33	da:u33	d	a:u		a		:u	
5	1	彗星（扌	ดาวหาง	da:u33ha: ŋ24	da:u33	d	a:u		a		:u	
5	2	彗星（扌	ดาวหาง	da:u33ha: ŋ24	ha:	h	a:		a		:	
5	3	彗星（扌	ดาวหาง	da:u33ha: ŋ24	ŋ24	ŋ						
6	1	天河	ทางช้างเผือก	tʰa:ŋ33cʰa:ŋ453pʰɯ:k2	tʰa:ŋ33	tʰ	a:ŋ		a		:ŋ	
6	2	天河	ทางช้างเผือก	tʰa:ŋ33cʰa:ŋ453pʰɯ:k2	cʰa:ŋ453	cʰ	a:ŋ		a		:ŋ	
6	3	天河	ทางช้างเผือก	tʰa:ŋ33cʰa:ŋ453pʰɯ:k2	pʰɯ:k22	pʰ	ɯ:k		ɯ		:k	
7	1	虹	รุ้ง	ruŋ453	ruŋ453	r	uŋ		u		ŋ	
8	1	日晕（力	รอบดวงอาทิตย์	rɔp41dua:ŋ33ʔa:33tʰit	rɔp41	r	ɔp		ɔ		p	

图 4-6　切分细节表图

（三）录音数据

“录音数据”即将前面的 Excel 语料调查表导入词表中，进行逐条对应关系，录取的语音数据。步骤大致为：进入斐风系统软件→调查录音界面→开始录音。进入文体录音系统，可以定位当前的录音，界面左面为参考文本的字项、义项、读音，单声道模式，右面为采样频率，同时呈现出录音声波图、三维语图和基频图，并能听辨语音，可根据需要提取或查找录音文件。以泰语为例，如图 4-7 所示。

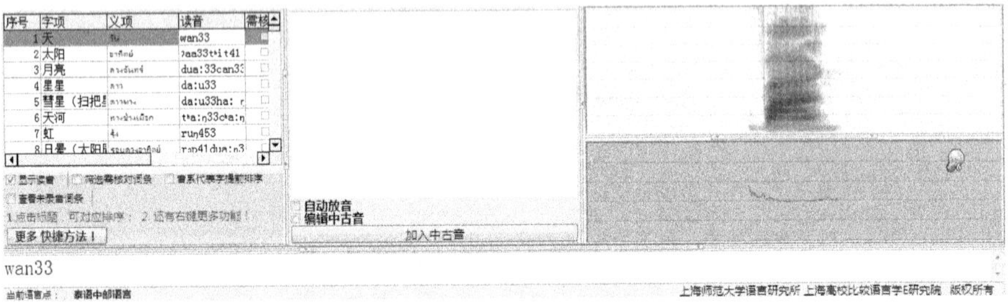

图 4-7　录音数据图

用斐风系统建立的数据库，能提供多种通用格式，可以和不同的软件格式兼容，能够进一步规范数据库的建库方式和语料整理。目前，此项目研究不涉及网络平台共享，处于一个阶段性成果。我们将在现有基础上进一步扩大，深入研究，将数据进一步细化，根据广大语言用户需求做成数据化终端产品以实现公共网络平台共享，为各类人员提供学习和研究的共享材料。

第五章　泰语数据库的标注和存储

第一节　泰语数据库的标注

标注是一个把表示各种语言信息和特征的附码添加到相应的语言成分上、对语料库或数据库添加信息的过程（杜福强，2012）。标注是数据库语料加工的重要手段，需要做大量的人工统计和编辑工作，这个过程是相当复杂耗时耗力的。我们极为重视文本的标注过程，只有在文本上做得细致，后面的工作才能事半功倍。语料库常见的标注有音段的标注、韵律的标注、词性标注、句法成分标注、语义信息标注等多种标注类型。标注的目的是为语言工程和语音研究提供可靠的数据（沈伟，2014）。汉语方言数据库的语料标注和民族语的语言数据库建设研究及实践成果为泰语有声数据库的建设提供了借鉴作用，泰语有声数据库建设是一项尝试性工作，可借鉴的经验非常少。文字和国际音标标注两部分是语音文件信息标注的两大部分。下面，结合汉语方言数据库的建设理论和成果对泰语有声数据建库过程进行讨论和分析，对泰语有声数据的标注过程主要从文本语料的标注和语音数据资源的标注两个方面来进行阐述。

一、文本语料的标注

考虑到泰语语言的特点，在制作文体材料时不能照搬汉语言调查字表，汉语认为是单音节单纯词的，在泰语里有可能是多音节单纯词。根据泰语和国内壮侗语同属壮侗语族壮傣语支的理论，借鉴《侗台语调查手册》，数据库在此基础上进行了资源整合。语料上，设计的调查大纲分为：语音表、词汇表、语法表，在语法表里设计有句型、谜语、语篇。这一部分为固定的现场录制，另外还有一部分自然话语补充。这一部分自然话语用录音笔、手机、录音机等进行录制，例如，我们曾随泰国教师团到泰国曼谷、宋卡府、碧武里府进行调研，借此机会用手机、录音机、录音笔等设备录入自然语料。通过整理，将有用的部分留下，录音笔的录音格式为.mp3，手机的录音格式为.amr，并通过软件转换为.wav，以便于数据管理。同时对不完整部分、啰嗦的部分或杂音大的部分进行删除，之后保留的每段音都有编号注明，尽量保证话语原貌，不做修饰，方便语料标注入库。当然，大部分的语料主要是采用斐风系统里的语音软件进行语言学专业录入，在前面已做过介绍。一些研究资料显示，根据汉语方言数据库在 ELAN 软件进行分语和标注，比如出现一词多标、不识别、未标注等多种因素，这个时候还需要人工处理。针对此类情况，泰语数据库在选择语料文本时，要尽量考虑能全面反映泰语语言调查点的词和句，要尽可能地全面反映出语言的声韵系统和语法面貌，方便标注和入库。

（一）语音表

语音表的语料是数据库的重要内容，参照《侗台语调查手册》的语音表，选择整理了近 500 个单字词，包括声、韵、调三个方面的内容。即声母表、韵母表、声调表。基于泰语是单音节型语言，单音节词数量所占比例较大，表内词汇以泰语单音节词、常用词为主，能快捷反映出一个语言点的简单音系情况。用单音节词调查，所调查出来的数据也较为可靠。同时每个词都用国际音标注音，并要标注准确的汉语释义。

（二）词汇表

泰语的词汇相当丰富，调查数量越多越能更好反映出语言的面貌。词汇调查表做得比较系统，在前面也介绍过。中部泰语是调查重点，收集了 18594 个词条。因为时间有限，对泰语的中部、北部、东北部、南部又统一采用了一张词表来进行调查。所采用的词条以《侗台语调查手册》中的词汇部分为参照，每个方言分别整理出 3128 个词条。词汇以常用词、固有词为主，将词汇进行了详细分类并标注国际音标和准确的汉语释义。这样做的优点是方便录音入库，对数据库进行词类赋码也有重要作用。

（三）语法表

参照《侗台语调查手册》的语法调查提纲整理出 500 个句型，并以这 500 个句型为主做语法调查，并辅以语篇材料等。根据不同的内容在调查过程中又进行补充。同时每个句子和语篇都标注国际音标，并用汉语准确地翻译成文。

二、语音数据资源的标注

关于语音数据资源的标注，主要采用上海师范大学潘悟云先生的斐风系统，斐风系统的技术相对来说比较成熟，在使用过程中也确实带来方便。斐风系统软件可以对语音数据进行分析处理，可以得到不同的语音信号的信息及语音特征。有些汉语方言切音软件在遇到复杂的民族语音时不能准确地切音。泰语的音系相对于汉语来说也比较复杂，有单辅音、复辅音、尾辅音、单元音、复合元音等音素，如果用这类汉语方言软件来处理切音，就把握不准确。但是用民族语软件斐风系统就可以很好地解决这个问题，以国际上最新的音节理论为参照，根据东来语言的实际情况按声母、韵母、韵核三个大的方面来划分，根据“响度原则”对单音节进行切分，从音节层面对语音进行标注，该软件提高了归纳音系事理同音字表的效率。为保证录音质量，在录音时，由于所处环境、录音话筒气流声、外界杂音等，可能会造成录音质量不纯正，这个时候就需要在录音的同时或之后做语音校验，对不合格的部分进行简单切除，再次校验时如发现音质还是不合标准，那就需要重新补录这个音。因此为了方便起见，一般都是在录音的同时就进行简单的校验，可及时采取补救措施。斐风软件在切分声母时是根据“响度原则”将声母切分为前置辅音、基本辅音和后置辅音，在切分韵母时先找到主元音，然后顺次切分为前滑音、主元音、后滑音、韵尾几个部分。TFW 软件是目前国内语言数据库建设中较为普遍使用的语音软件之一，对泰语的语音信息进行标注，统一用 IpaPanNew 字体和云龙国际音标（系潘悟云先生主持开发），在潘悟云先生所发明的 TFW 软件中直接进行标注。

第二节　泰语数据库的存储

泰语有声数据库建设在通过前面几个环节，如文字材料的整理、语料的导入、语音的录入等，之后就进入存储环节。首先，斐风系统所采用的语音信号处理中语音保存格式为.wav，此种格式的优点是具有高标准化和高保真度，也就是说能使语音更接近自然语言的真实声音。相对于其他语音格式如.amr、.mp3、.wma，无疑是最具优势的选择。在对泰语中部语点的内容进行录制存储后，要对每一个词条进行校验，保证其音质清晰，数据准确，语音真实性强，确实是后期进行语音声学分析合格的基础语言材料。斐风系统中也使用基于 PCM 编码的.wma 标准格式存储录音文件。（韩夏，2014）在此仍然以泰语中部语言 3128 个词条为实例进行分析说明，在对这 3128 个词条进行录音后将其存储为.wma 标准格式文件，总的语音文件命名 data 文件包，data 文件包内共建立了 32 个音频文件夹（1～32 个），每个音频文件夹下辖 99 个音频文件词条，即每个词条是一个单独的音频文件，每录满 99 个音频文件自动循环到下一个文件夹。每个词条的音频文件按数字顺序排列，按 ID 序号进行编号注明，有了这样的命名标注可以随时按需要输入 ID 序号，调出所需要的音频文件，整个编号序号为五位制。图 5-1 为泰语词条音频文件从 00001 开始编码一直到 03128 号，其步骤为 data－文件夹“泰语中部语言”—文件夹“泰语中部语言 32”—音频文件“03128นั บตั้ งแต่ ”。

图 5-1　泰语词条音频文件列表

第六章　泰语数据库的检索和维护

第一节　泰语数据库的检索

一、检索统计功能

语言的基本组成单位是词，要对数据库里的语料进行分析整理离不开词。因此我们对泰语的基本词汇加强设计力度，对语料进行严格筛选编辑，并考虑词汇涉及面的广度和深度，最后确定了语料的整体数量和规模，形成了接近两万字的基本词汇表。根据词表自定义功能及词表编辑功能，请技术人员根据用户需要，开发出用户词典功能，设计了一本泰语词典。该词典能提供词表查找、排序、统计等基本功能，能对泰语数据库管理系统进行有效检索统计。

二、多项数据定义检索功能

斐风系统结构是个开放的管理系统，能提供多种通用格式，可以和不同的软件格式兼容。通过自定义接口，用户可以根据需要添加泰语文本数据和音频数据等。文本数据和音频数据都能有效管理语料的文字录入和音频录入。下面介绍几项斐风系统的检索功能。

检索录音是否合格，需要选取所要检查的录音点。选取所要检查的录音点“泰语中部语言”开始检查。检查结束之后，如有错误，系统会自行提示。建库者可根据展示模块，如记音模块下的子模块，选择音素单独修改、音素多选修改、音素全选修改、读音整体修改等进行词条查看和有效的音位修正；语音展示及听辨模块下子模块，利用声波图、三维语图、基频图来进行校验。在检索当中，我们可以进行单个点的检索或多点比较来检索以进一步保证语音、语料的准确性。以泰语中部语言为例看下列各图：

（1）选取需要检查的语言点“泰语中部语言”和相关语言的检索点（图 6-1）。

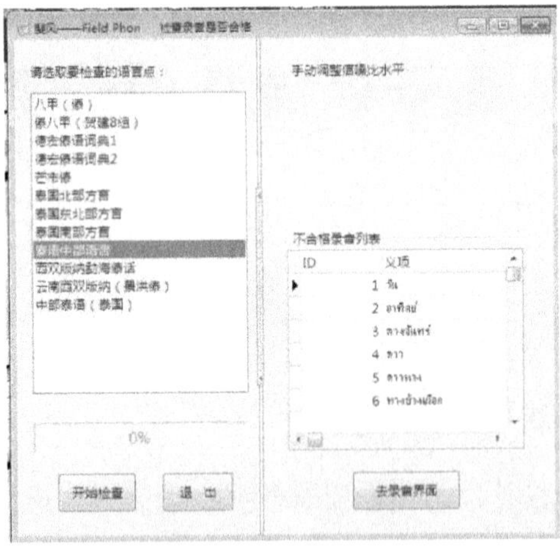

图 6-1　选取要检查的语言点

（2）此图为单点检索“泰语中部语言”检索点，其检索步骤为：泰语中部语言检索点→搜索方式→检索结果。此界面中，搜索方式根据用户需要选择可分为精确搜索和模糊搜索，其语料类型搜索可分为简单词表查词和复杂音素查词。以“泰语中部语言”为例，精确选定序号 1→字项“天”→义项→读音 wan³³→备注→地区（中部泰语）。图 6-2 为精确搜索图，左边为搜索到的文本数据，右边为音频图。

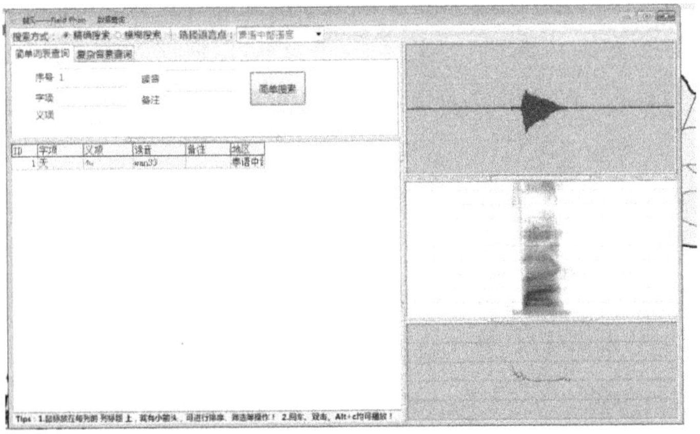

图 6-2　精确搜索图

图 6-3 为模糊搜索图，左边为搜索到的文本数据，右边为音频图。

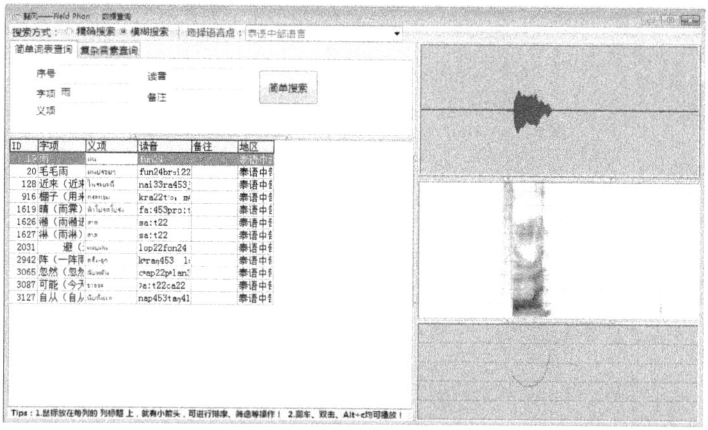

图 6-3　模糊搜索图

（3）图 6-4 为多点查询和比较。多点查询里的多个语言点，是根据用户自己定义录入的语言点来建立的。在选择语言点一栏里可以是全部点也可以是部分点或单个点，左边为搜索到的文本数据，右边为音频图。

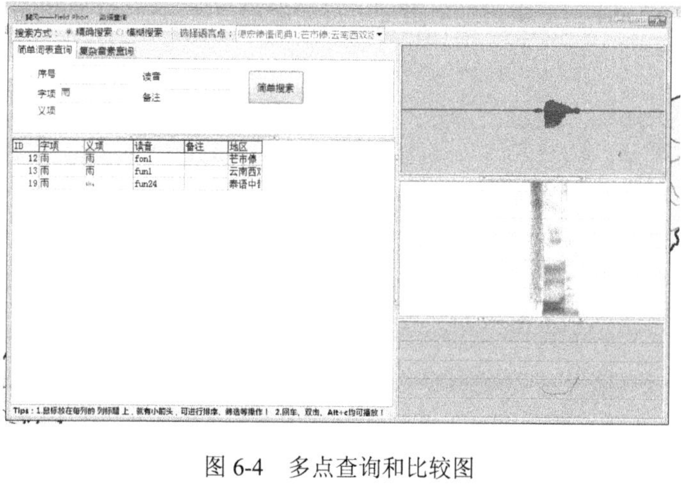

图 6-4　多点查询和比较图

第二节　数据库的维护

泰语语料经过前面的录入、标注等环节后，有声数据库已初步搭建成。但是建设工作并没有结束，下一步的工作是数据库的检索、管理和维护，这一环节的工作是一项长期任务。为了满足用户能够在不同时期检索、使用和提取全新的数据库语料，建库者可以通过信息门户等途径对数据库的内容进行增补或更新。数据库和信息门户平台是相互联系的，各级用户将从信息门户平台提取所需求的语料。因此，建库者应该清楚熟悉自己所掌握的泰语数据库的建库内容，并能保证数据库的实时更新、补充、删减等工作。该阶段的主要内容是采用数据管理更新、同音校验等手段，进一步确保数据的准确性和全新性。我们通过泰语中部语言的图例来进行说明。

一、数据管理平台

数据管理平台有如下功能：导出词表、数据垃圾清理、新旧数据库转换，最后通过旧版的语言点列表转换成需要转换的语言点列表。在转换完毕后工作还没有完成，还要回到最初的语言点管理平台，根据文本材料按程序将每一个模块的内容进行校验、增补、更新。使各模块内容能一一对应，便于检索和提取（图 6-5）。

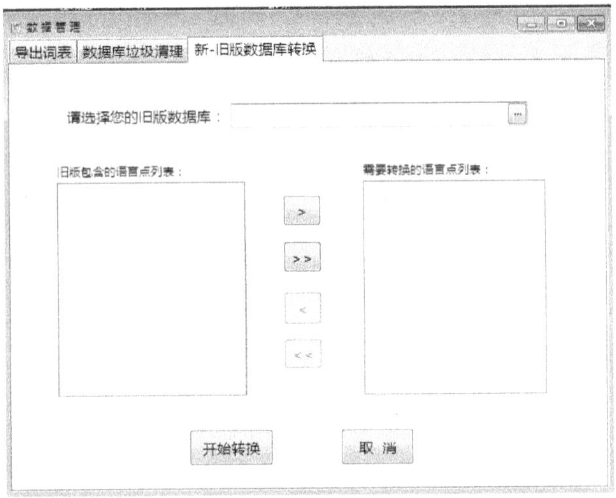

图 6-5　数据管理平台图

二、同音较检

把语料内容导入系统中，做完前面各项工作并不能表明整个数据库的内容就准确无误。为确保数据的准确性、完整性，维护工作是必不可少的。需要对每一词条进行检验，将记音音标材料和录音音频进行对应校验，如果按传统方法对每一词条进行人工检验是可以完成的，但是工作量较大，耗时、耗力，周而复始的重复工作，容易出现偏误。在采用人工检验的同时，又辅以软件进行检验，就能有效地提高工作效率，进一步完善和保证数据的质量。同音校验，正是维护工作的重要支撑环节之一。通过同音校验能有效地处理泰语语料数据中每一个词条的准确记录和修改，能够将数目繁多的泰语音素进行音位归纳及音素、音节整理。通过同音校验可以生成六个表格，分别是：泰语声母表、泰语韵母表、泰语声调表、泰语声韵表、泰语音节表、泰语切音细节表。这六个表格都可以以 Excel 表格形式同时导出。每一张表格右边都有对应的功能选项，可以根据建库者的需要进行选择，如查询词条、输入词条 ID 号、导出路径、修改类型等（图 6-6）。

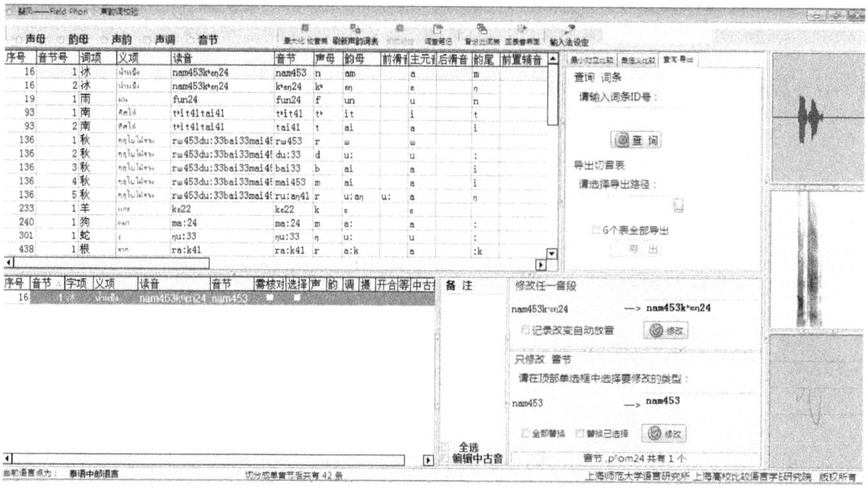

图 6-6　修改功能选项图

所生成的六张泰语表，通过连续播放和快捷修改来完成检验维护工作。不但能支持语言数据校验维护的准确性，同时也可以方便语言工作者的后续研究分析工作。下面对这六个表格进行逐一介绍。泰语声母表，以基本辅音的发音部位为主、发音方法为辅的顺序对声母进行排序；泰语韵母表，按照介音、韵核、韵尾的配合关系生成韵母表格；泰语声韵配合表，分别对声、韵母进行排列；泰语声调表也按不同的连调数分类排列（韩夏，2014）。以泰语中部语言为例：

（1）泰语声母表（图 6-7）。

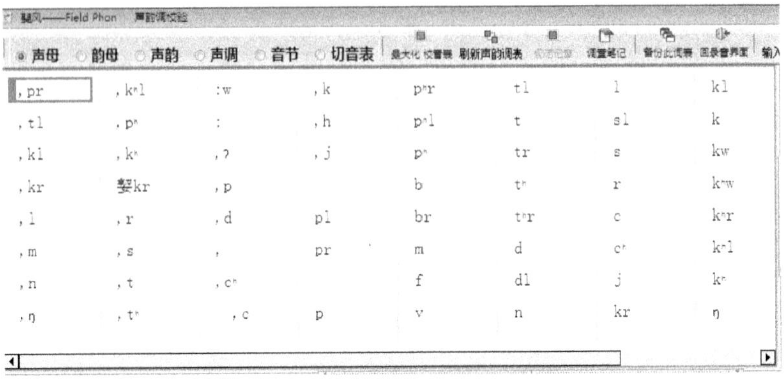

图 6-7　泰语声母表图

（2）泰语韵母表（图 6-8）。

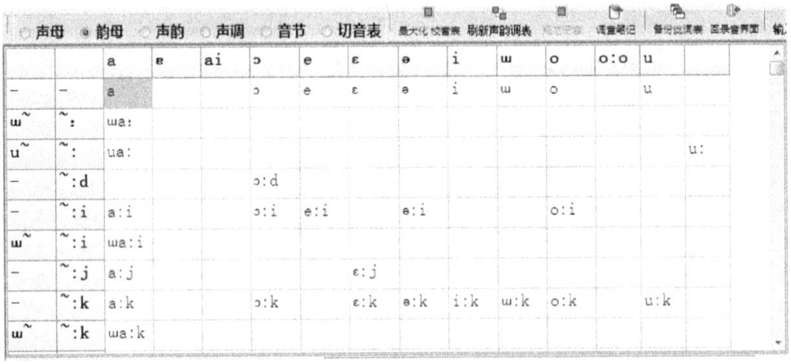

图 6-8　泰语韵母表图

（3）泰语声韵表（图 6-9）。

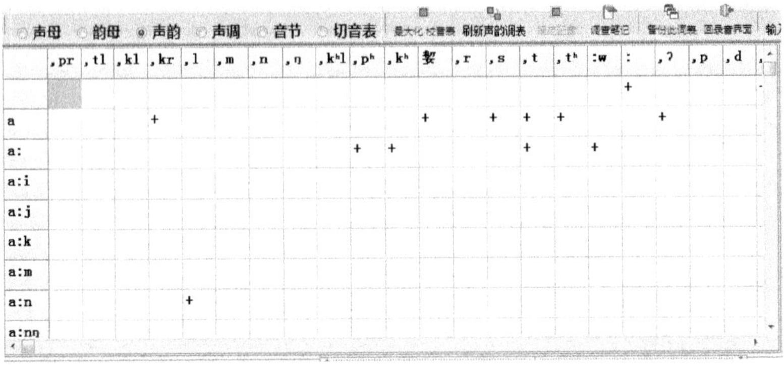

图 6-9　泰语声韵表图

（4）泰语声调表（图 6-10）。

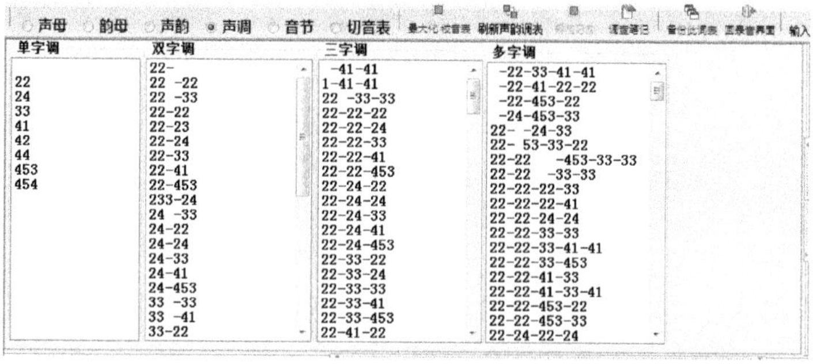

图 6-10　泰语声调表图

（5）泰语音节表（图 6-11）。

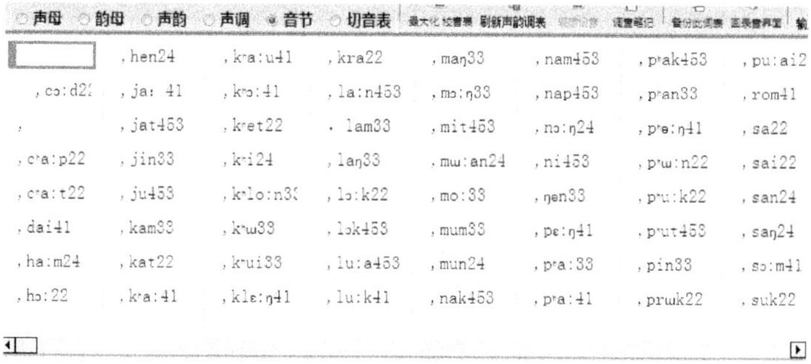

图 6-11　泰语音节表图

（6）泰语切音表（图 6-12）。图 6-12 是对泰语词条“天 wan³³”进行的个例说明，“天 wan³³”的音频文件是一个词条，在音节上是个单音节，切音系统将泰语“天 wan³³”自动切成一个音节“wan³³”，音节 wan³³→声母 w→韵母 an→主元音 a→韵尾 n。

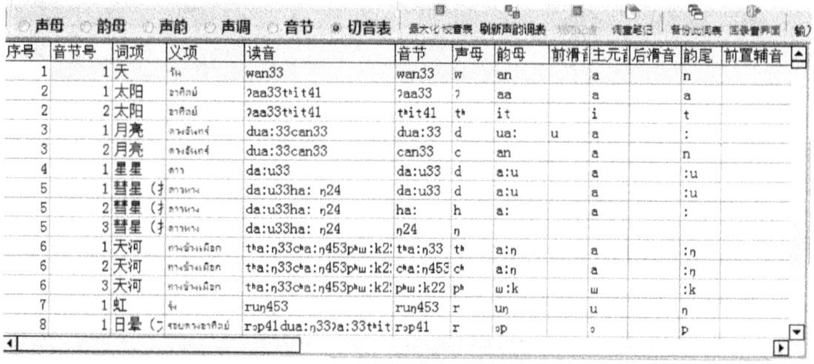

图 6-12　泰语切音表图

结　　语

泰语和国内民族语言傣语同属于壮傣语支。本书将传统方法和现代方法相结合，借鉴国内民族语言数据库及汉语方言数据库的研究成果，用不同于以往的调查、收集及分析等手段，收集可供研究的语料，建立原生态泰语有声数据库，最大限度地保留语言的真实面貌，保护语言文化遗产，为语言的可持续性研究奠定共时性和历时性的基础。民族语数据库建设是一个庞大、系统、繁琐的复杂工作过程。尽管说，民族语数据库建设有不少建设成果，但仍然存在不少问题。同样，泰语有声数据库建设在建库过程中也遇到不少问题。首先，数据库建设规模的大小是根据多种因素来确定的，初期建库及建库之后的维护是一个长期性的工作，需要人力、物力、技术和经费的不断投入。其次，尤其是民族语言数据库建设，缺乏标准及规范统一的建库经验和理论指导，各家民族语数据库的建设，目前已经有一些大、中、小规模的建设成果，但基本上难以形成资源共享。

本书以中部泰语为主，并涉及泰东北部、北部及南部方言，从泰语方言概况、泰语数据库建设方法和过程、泰语数据库的标注和存储、泰语数据库的检索和维护等几个方面进行了分析，综合论述了泰语有声数据库的建设过程及实践过程。语音和词汇方面的语料做得比较完整详细，录入 2 万多个词，虽然在句型和语篇方面也做了建设，但是还远远不够，很多问题没有能进行深入研究。泰语有声数据库建设的内容只集中于语音、词汇和语法中的某一小部分的局部建设，当然如果能有大规模全面系统的建设无疑是比较完美的，但确实存在一定难度，受方方面面因素的限制，只能逐步建设，并不断地改进技术，修订方案，这也是不断努力的方向，还将在未来的工作中进行补充和细化。希望泰语有声数据库的建设能为壮傣语支数据库的建设发展提供相关数据和材料的补充。

参 考 文 献

著作类

陈其光. 1998. 语言调查. 北京: 中央民族大学出版社.

道格拉斯 • 比伯, 康拉德, 兰迪 • 瑞潘. 2012. 语料库语言学. 刘颖, 胡海涛译. 北京: 清华大学出版社.

丁邦新, 孙宏开. 2004. 汉藏语同源词研究. 南宁: 广西民族出版社.

傅懋勣. 1998. 论民族语言调查研究. 北京: 语文出版社.

甘乍拉 • 萨古. 1998. (泰文版)泰语语音系统. 曼谷: 朱拉隆功大学出版社.

龚群虎. 2002. 汉泰关系词的时间层次. 上海: 复旦大学出版社.

广州外国语学院编著. 2005. 泰汉词典. 北京: 商务印书馆.

侯精一. 2002. 现代汉语方言概论. 上海: 上海教育出版社.

黄伯荣, 廖序东. 2002. 现代汉语. 北京: 高等教育出版社.

黄昌宁, 李娟子. 2002. 语料库语言学. 北京: 商务印书馆.

江应樑. 1983. 民族史. 成都: 四川民族出版社.

李方桂. 2011. 比较台语手册. 丁邦新译. 北京: 清华大学出版社.

李如龙. 2007. 汉语方言学. 北京: 高等教育出版社.

刘丹青. 2008. 语法调查手册. 上海: 上海教育出版社.

罗安源. 2000. 田野语音学. 北京: 中央民族大学出版社.

倪大白. 2010. 侗台语概论. 北京: 民族出版社.

帕涡玻萨. 2012. 泰语语言特点(泰文版). 曼谷: 泰国隆萨有限出版公司.

裴晓睿. 2001. 泰语语法新编. 北京: 北京大学出版社.

素瓦拉 • 丽亚怪瓦. 2008. (泰文版)台语支. 曼谷: 泰国艺术大学出版社.

牙乌 • 巴吉信. 2004. (泰文版)泰语语法. 曼谷: 泰国商业发展有限出版公司.

杨光远. 2007. 十三世纪傣泰语言的语音系统研究. 北京: 民族出版社.

云南省地方志编纂委员会. 1998. 云南省志. 昆明: 云南人民出版社.

赵元任. 2003. 语言问题. 北京: 商务印书馆.
中国语言资源有声数据库建设领导小组公室. 2010. 中国语言资源有声数据调查手册(汉语言). 北京: 商务印书馆.
朱德熙. 2001. 语法讲义. 北京: 商务印书馆.

论文类

杜福强. 2012. 方言数据库建设初探——以甬江片方言数据库的建设为例. 宁波大学硕士学位论文.
范俊军. 2011. 少数民族濒危语言有声语档建设初探. 中央民族大学学报(哲学社会科学版), (1): 99.
费晓辉, 马慧, 佘惠仙. 2014. 莽人语言资源有声数据库的建设. 学园, (10): 12-13.
韩夏. 2014. 计算机辅助语言调查分析系统. 上海师范大学硕士学位论文.
黄行. 2014. 当前我国少数民族语言政策解读. 中南民族大学学报, (6): 7-12.
李龙, 潘悟云. 2006. 国际音标输入法及其实现. 语言研究, (3): 71-74.
李素琴, 杨炳钧. 2012. 云南省濒危民族语言有声语档的建设方法探讨. 大理学院学报, (11): 31.
沈伟. 2014. 汉语方言语音数据库的标注研究. 计算机应用技术, (8): 194.
占升平. 2013. 布依语语音数据库建设初探. 兰台世界(1 月中旬): 23-27.

附　　录

（部分文本调查语料）

一、调查词表

汉语	国际音标
天	wan^{33}
太阳	ʔa:^{33}thit^{453}
月亮	du:aŋ^{33}can^{33}
星星	da:u^{33}
彗星（扫把星）	da:u^{33}ha: ŋ^{24}
天河	tha:ŋ^{33}cha:ŋ^{453}phɯ:ak^{22}
虹	ruŋ^{453}
日晕（太阳周围的光圈）	rɔ:p^{41}dua:ŋ^{33}ʔa:^{33}thit^{453}
月晕（月亮周围的光圈）	rɔ:p^{41}dua:ŋ^{33}can^{33}
云	me:k^{41}
乌云	me:k^{41}dam^{33}
雷	fa:^{453}rɔŋ^{453}
风	lom^{33}
旋风	pha:^{33}ju^{453}mun^{24}
雪	hi^{22}ma^{453}
冰	nam^{453}khɛŋ^{24}
雹子	lu:k^{41}hep^{22}
水	nam^{453}
雨	fon^{24}
毛毛雨	fon^{24}prɔ:i^{33}
霜	nam^{453}kha:ŋ^{453}khɛŋ^{24}
雾	mɔ:k^{22}

续表

汉语	国际音标
露	nam^{453}kha:ŋ^{453}
地	din^{33}
山脉	thɯ:ak^{41}khau^{24}
岩山	khi^{453}ri^{453}
山顶	jɔ:t^{41}khau^{24}
山谷	hup^{22}khau^{24}
坡	la:t^{41}
半山（山腰）	phu:^{33}khau^{24}ra^{453}dap^{22}kla:ŋ^{33}
悬崖	na:^{41}pha:^{24}
山洞（石洞、土洞）	tham^{41}
窟窿	lum^{24}
坑	lum^{24}
牛滚塘（牛滚泥的水坑）	bɔ:^{22}nam^{453}
海	tha^{453}le: ^{33}
湖	tha^{453}le: ^{33}sa:p^{22}
河	mɛ:^{41}nam^{453}，lam^{33}khlɔ:ŋ^{33}
溪	lam^{33}tha:n^{33}
河岸	ta^{22}liŋ^{22}
河边	rim^{33}mɛ:^{41}nam^{453}
池塘	sa^{22}kep^{22}nam^{453}
沟（水渠）	khu:^{33}nam^{453}
水沟（田间的小水沟）	khu:^{33}nam^{453}
水坝	khɯ:an^{22}
瀑布	nam^{453}tok^{22}
波浪	lu:k^{41}khlɯ:n^{41}
漩涡	ra^{453}lɔ:k^{41}khlɯ:n^{41}
浮	lɔ:i^{33}
水泡（在水面上的）	fɔ:ŋ^{33}nam^{453}
泡沫（成团的，如肥皂泡沫等）	fɔ:ŋ^{33}
井（水井）	bɔ:^{22}nam^{453}
泉	nam^{453}phu^{453}
泥（稀泥）	le:n^{33},khlo:n^{33}
尘土	fun^{22}

续表

汉语	国际音标
土（干土）	din^{33}
田（水田）	na:^{33}lum^{41}
田埂	khan^{33}na:^{33}
地（旱地）	na:^{33}kho:k^{41}
荒地（未开垦过的）	na:^{33}ra:ŋ^{453}
平原（坝子）	thi: ^{41}ra:p^{41}lum^{41}
平地	thi:^{41}ra:p^{41}
石头	hin^{24}
鹅卵石	hin^{24}khai^{22}ha:n^{22}
沙子	din^{22}sa:i^{33}
沙滩	ha:t^{22}sa:i^{33}
金子	thɔ:ŋ^{33},thɔ:ŋ^{33}kham^{33}
银子	ŋə:n^{33}
铜	thɔ:ŋ^{33}dɛ:ŋ^{33}
铁	lek^{22}
锡	di:^{33}buk^{22}
钢	lek^{22}kla:^{41}
铅	ta^{22}ku:a^{22}
煤	tha:n^{22}hin^{24}
水银	prɔ:t^{22}
硫黄	kam^{33}ma^{453}than^{24}
砂（制火药用）	sa:n^{24}nai^{33}tə:^{33}
碱水	nam^{453}thi:^{41}mi:^{33}khwa:m^{33}pen^{33}da:ŋ^{22}
明矾（白矾）	sa:n^{24}som^{41}
铁锈	sa^{22}nim^{24}lek^{22}
火石	hin^{24}lek^{22}fai^{33}
火药	din^{33}pɯn^{33}
火	fai^{33}
火炭（还着火的炭）	tha:n^{22}fai^{33}
炭	tha:n^{22}
火苗	ple:u^{33}fai^{33}
火花（火星子）	pra^{22}ka:i ^{33}fai^{33}
火种	chɯ:a^{453}phlə:ŋ^{33}

续表

汉语	国际音标
烟（炊烟）	khwan^{33}
煤烟子（粘在厨壁上的）	khra:p^{41}
锅煤烟（锅底的）	kha^{22}mau^{22}
东	thit^{41}ta^{22}wan^{33}ʔɔ:k^{22}
南	thit^{41}tai^{41}
西	thit^{41}ta^{22}wan^{33}tok^{22}
北	thit^{41}nɯ:a^{24}
上面	kha:ŋ^{41}bon^{33}
下面	kha:ŋ^{41}la:ŋ^{41}
以上（十个以上）	su:ŋ^{24}kwa:^{22}
以下（十个以下）	tam^{22}kwa:^{22}
底下	tai^{41}
外面	kha:ŋ^{41}nɔ:k^{41}
前面	kha:ŋ^{41}na:^{41}
里面	kha:ŋ^{41}nai^{33}
正面（布、纸等的正面）	da:n^{41}na:^{41}
背面（布、纸等的反面）	da:n^{41}laŋ^{24}
对面	troŋ^{33}kan^{33}kha:m^{41}
右面	da:n^{41}khwa:^{24}
左面	da:n^{41}sa:i^{453}
旁边	kha:ŋ^{41}kha:ŋ^{41}
边（路边）	rim^{33}
边（衣服边）	sa:i^{33}pha:^{41}
端（棍子两端）	tha:i^{453}
当中（几个人当中）	ra^{453}wa:ŋ^{22}
中间（两棵树中间）	kuŋ^{22}kla:ŋ^{33}
半路	khruŋ^{41}tha:ŋ^{33}
附近	klai^{41}khi:aŋ^{33}
周围	bɔ^{33}ri^{33}we:n^{33}rɔ:p^{41}rɔ:p^{41}
地方（这个地方好）	thi:^{41}
角落	sɔ:k^{41},mum^{33}
界线（田界、地界）	se:n^{41}khe:t^{22}dɛ:n^{33}
古代	sa^{22}mai^{24}bo:^{33}ra:n^{33}

续表

汉语	国际音标
从前	tɛ:^{22}kɔ:n^{22}
以前（一个月以前）	kɔ:n^{22}
以后（一年以后）	tɔ:^{22}ma:^{33}
今后	laŋ^{453}ca:k^{22}ni:^{453}
现在	we:^{33}la:^{33}ni:^{453}
后来	thi:^{33}laŋ^{453}
近来（近来雨多）	nai^{33}ra^{453}ja^{453}ni:^{453}
过去	ʔa^{33}di:t^{22}
世（世代）	chu:a^{41}khon^{33}
后代（指时间）	juk^{453}laŋ^{24}
平时	wan^{33}tham^{33}ma^{33}da:^{33}
时候（他来的时候）	mɯ:a^{41}rai^{33}
春	rɯ^{453}du:^{33}bai^{33}mai^{453}pha^{22}li^{22}
夏	rɯ^{453}du:^{33}rɔ:n^{453}
秋	rɯ^{453}du:^{33}bai^{33}mai^{453}ru:aŋ^{41}
冬	rɯ^{453}du:^{33}na:u ^{24}
年	pi:^{33}
岁（年岁）	khu:ap^{22}
今年	pi:^{33}ni:^{453}
明年	pi:^{33}na:^{41}
去年	pi:^{33}thi:^{41}lɛ:u^{453}
前年	sɔ:ŋ^{24}pi:^{33}thi:^{41}lɛ:u^{453}
大前年	sa:m ^{24}pi: ^{33}thi:^{41}lɛ:u^{453}
后年	pi: ^{33}that^{22}pai^{33}
大后年	ʔi:k^{22}sa:m^{453}pi:^{33}kha:ŋ^{41}na:^{41}
往年	pi:^{33}thi:^{41}pha:n^{22}ma:^{33}
端午	thet^{41}sa^{22}ka:n^{33}rɯ:a^{33}maŋ^{33}kɔn^{33}
中元（农历七月十四）	thet^{41}sa^{22}ka:n^{33}wai^{41}cau^{41}
中秋	thet^{41}sa^{22}ka:n^{33}wai^{41}phra^{453}can^{33}
除夕	wan^{33}soŋ^{22}tha:i^{453}pi:^{33}kau^{22}
春节	thet^{41}sa^{22}ka:n^{33}trut^{22}ci:n^{33}
月（月份）	dɯ:an^{33}
正月	dɯ:an^{33}ʔa:i^{41}

续表

汉语	国际音标
二月	dɯ:an^{33}ji:^{41}
三月	dɯ:an^{33}sa:m^{24}
四月	dɯ:an^{33}si:^{22}
五月	dɯ:an^{33}ha:^{41}
六月	dɯ:an^{33}hok^{22}
七月	dɯ:an^{33}cet^{22}
八月	dɯ:an^{33}pɛ:t^{22}
九月	dɯ:an^{33}kau^{41}
十月	dɯ:an^{33}sip^{22}
十一月	dɯ:an^{33}sip^{22}ʔet^{22}
十二月	dɯ:an^{33}sip^{22}sɔŋ^{24}
上月	dɯ:an^{33}thi:^{41}lɛ:u^{453}
下月	dɯ:an^{33}na:^{41}
天（日）	wan^{33}
今天	wan^{33}ni:^{453}
昨天	mɯ:a^{41}wa:n^{33}ni:^{453}
前天	mɯ:a^{41}wa:n^{33}sɯn^{33}
大前天	sa:m^{24}wan^{33}kɔ:n^{22}
大大前天	si:^{22}wan^{33}kɔ:n^{22}
明天	phruŋ^{41}ni:^{453}
后天	wan^{33}ma^{453}rɯn^{33}ni:^{453}
大后天	ʔi:k^{22}sa:m^{24}wan^{33}kha:ŋ^{41}na:^{41}
大大后天	ʔi:k^{22}si^{22}wan^{33}kha:ŋ^{41}na:^{41}
白天	kla:ŋ^{33}wan^{33}
夜里	kla:ŋ^{33}khɯn^{33}
早晨	tɔ:n^{33}chau^{453}
晚上（天黑以后，半夜以前）	kla:ŋ^{33}khɯn^{33}
半夜（午夜）	thi:aŋ^{41}khɯn^{33}
中午	thi:aŋ^{41}
上午	tɔ:n^{33}chau^{453}
下午	tɔ:n^{33}ba:i^{22}
初一	khɯn^{41}nɯŋ^{22}kham^{41}
初二	khɯn^{41}sɔ:ŋ^{24}kham^{41}

续表

汉语	国际音标
初三	khɯn^{41}sa:m^{24}kham^{41}
初四	khɯn^{41}si:^{22}kham^{41}
初五	khɯn^{41}ha:^{41}kham^{41}
初六	khɯn^{41}hok^{22}kham^{41}
初七	khɯn^{41}cet^{22}kham^{41}
初八	khɯn^{41}pɛ:t^{22}kham^{41}
初九	khɯn^{41}kau^{41}kham^{41}
初十	khɯn^{41}sip^{22}kham^{41}
十一（阴历）	khɯn^{41}sip^{22}ʔet^{22}kham^{41}
十五（阴历）	khɯn^{41}sip^{22}sɔŋ^{24}kham^{41}
三十（阴历）	khɯn^{41}sip^{22}ha:^{41}kham^{41}
甲（天干第一）	ka:p^{22}
乙（天干第二）	dap^{22}
丙（天干第三）	ra:i^{33}
丁（天干第四）	mə:ŋ^{33}
戊（天干第五）	pək^{22}
己（天干第六）	kat^{22}
庚（天干第七）	khot^{22}
辛（天干第八）	ru:aŋ^{33}
壬（天干第九）	tau^{22}
癸（天干第十）	ka:^{33}
子（地支第一）	chu:at^{22}
丑（地支第二）	cha^{22}lu:^{24}
寅（地支第三）	kha:n^{24}
卯（地支第四）	thɔ^{22}
辰（地支第五）	ma^{453}ro:ŋ^{33}
巳（地支第六）	ma^{453}seŋ^{24}
午（地支第七）	ma^{453}mi:a^{33}
未（地支第八）	ma^{453}mɛ:^{33}
申（地支第九）	wɔ:k^{41}
酉（地支第十）	ra^{453}ka:^{33}
戌（地支第十一）	cɔ:^{33}
亥（地支第十二）	kun^{33}

续表

汉语	国际音标
节气	ka:n^{33}ra^{453}ja^{453}
牛	khwa:i^{33}
黄牛	wu:a^{33}
水牛	khwa:i^{33}
公牛（一般的）	wu:a^{33}tu:a^{33}phu:^{41}
公牛（阉过的）	khwa:i^{33}tu:a^{33}phu:^{41}
公牛（配种的）	phɔ^{41}phan^{33}
母牛（已生子的）	mɛ^{41}wu:a^{33}
母牛（未生子）	wu:a^{33}tu:a^{33}mi:a^{33}
马	ma:^{453}
驴	la:^{33}
骡子	lɔ: ^{41}
羊	kɛ^{22}
山羊	phɛ^{453}
绵羊	kɛ^{22}
猪	mu:^{24}
公猪	mu:^{24}phan^{33}
母猪	mu:^{24}tu:a^{33}mi:a^{33}
狗	ma:^{24}
疯狗	ma:^{24}ba:^{41}
猎狗	su^{22}nak^{453}la:^{41}sat^{22}
猫	mɛ:u^{33}
野兽	sat^{22}pa:^{22}
老虎	sɯ:a^{24}
狮子	siŋ^{24} to:^{33}
豹子	sɯ:a^{24}da:u^{33}
象	cha:ŋ^{453}
熊	mi:^{24}
狗熊	mi:^{24} dam^{33}
猴子	liŋ^{33}
鹿	kwa:ŋ^{33}
麂子（黄猄）	li:aŋ^{33}pha:^{24}
野猪	mu:^{24}pa:^{22}

续表

汉语	国际音标
豪猪（箭猪）	me:n^{41}
刺猬	me:n^{41}
麝	kwa:ŋ^{33}cha^{453}mot^{453}
狼	ma:^{24}pa:^{22}
野猫	me:u^{33}pa:^{22}
狐狸	ciŋ^{41}chɔ:k^{22}
黄鼠狼	wi:^{33}cha^{453}le: ^{453}lɯ:aŋ^{24}
水獭	na:k^{41}
兔子	kra^{22}ta:i^{22}
穿山甲	lin^{41}
松鼠	kra^{22}rɔ:k^{41}
老鼠（家鼠）	nu:^{24}ba:n^{41}
公鸡	pho:^{41}kai:^{22}
子鸡	kai^{22}kra^{22}thoŋ^{33}
母鸡（已生蛋的）	mɛ:^{41}kai^{22}
小母鸡（未生蛋的）	kai^{22}sa:u^{24}
阉鸡（阉过的鸡）	kai^{22}tɔ:n^{33}
雉（野鸡）	kai^{22}fa:^{453}
秧鸡（黑色，长脚，在稻田里）	kai^{22}na:^{33}
鸭子	pet^{22}
野鸭子	pet^{22}pa^{22}
鹅	ha:n^{22}
鸟	nok^{453}
鸬鹚（鱼鸟）	nok^{453}ji:au^{22}pa:^{22}
白鹤	nok^{453}kra^{22}ri:an^{33}kha:u^{24}
鸳鸯	pet^{22}mɛ:n^{33}da:^{33}rin^{33}
鸽子	nok^{453}phi^{453}ra:p^{41}
老鹰	ji:au^{22}
鹞	ji:au^{22}nok^{453}kra^{22}cɔ:k^{22}
猫头鹰	ji:au^{22}hu:a^{24}mɛ:u^{33}
鹧鸪	nok^{453}kra^{22}tha:^{33}thuŋ^{41}
斑鸠	nok^{453}khau^{24}la:i^{33}
布谷鸟	nok^{453}ka:^{33}wau^{22}

续表

汉语	国际音标
啄木鸟	nok^{453}hu:a^{24}khwa:n^{24}
喜鹊	nok^{453}ka:ŋ^{33}khe:n^{24}
乌鸦	ʔi:^{33}ka:^{33}dam^{33}
八哥	nok^{453}khun^{22}tho:ŋ^{33}
麻雀	nok^{453}kra^{22}cɔ:k^{22}
燕子	nok^{453}na:ŋ^{33}ʔɛ:n^{22}
画眉鸟	nok^{453}khi:an^{24}khiu^{453}
蝙蝠	kha:ŋ^{453}kha:u^{33}
凤凰	hoŋ^{24}
龙	maŋ^{33}kɔn^{33}
蜥蜴（四脚蛇）	tuk^{453}kɛ:^{33}
壁虎（像蜥蜴，在墙上吃蚊子）	ciŋ^{41}cok^{22}
蛇	ŋu:^{33}
蟒蛇	ŋu:^{33}lɯ:am^{24}
眼镜蛇（吹风蛇）	ŋu:^{33}coŋ^{33} a:ŋ^{33}
金环蛇（黄黑相间）	ŋu:^{33}sa:m^{24}lia:m^{24}
青竹蛇	ŋu:^{33}khi:au^{24}
水蛇	ŋu:^{33}nam^{453}
虫	tu:a^{33}nɔ:n^{24}
蝴蝶	phi:^{24}sɯ:a^{41}
蛾子	ma:^{33}lɛ:ŋ^{33}mau^{41}
蜻蜓	ma:^{33}lɛ:ŋ^{33}po:^{33}
蜘蛛	ma:^{33}lɛ:ŋ^{33}mum^{33}
蟑螂	ma:^{33}lɛ:ŋ^{33}sa:p^{22}
蜈蚣	ta^{22}kha:p^{22}
蟋蟀	ciŋ^{41}ri:t^{22}
萤火虫	hiŋ^{22}ho:i^{41}
蚂蚁	mot^{453}
白蚁	pluak^{22}
纺织娘（像蚱蜢）	re:^{33}rai^{33}
蝉	cak^{22}can^{22}
螳	tak^{453}tɛ:n^{33}tam^{33}kha:u^{41}
蚱蜢	tak^{453}tɛ:n^{33}

续表

汉语	国际音标
蝗虫	tak⁴⁵³tɛ:n³³
蜜蜂	phɯŋ⁴¹
蜂王	na:ŋ³³pha⁴⁵³ja:³³phɯŋ⁴¹
黄蜂（黄色、细腰）	tɛ:n³³
黑蜂（黑色、体大，蛀竹木）	tɔ:²²
螺赢（用泥在墙上做窝，捕别的小虫在窝里）	tu:a³³tɔ:²²
蝼蛄（土狗）	tun²²
臭大姐（臭屁虫）	kra²²tɛ:³³
屎壳郎（牛粪虫）	du:aŋ⁴¹pi:k²²khɛn²⁴thi:⁴¹kɔ²²ju:²²ta:m³³
瓢虫（半球形，背上有纹）	ma⁴⁵³lɛ:ŋ³³tau²²thɔ:ŋ³³
天牛（触角有节，翅有白点）	ma⁴⁵³lɛ:ŋ³³lɔ:n³³ci²²khɔ:n³³
苍蝇	ma⁴⁵³lɛ:ŋ³³wan³³
牛虻（像大苍蝇，咬牛、马）	tu:a³³lɯ:ap²²
孑孓（蚊子幼虫）	lu:k⁴¹nam⁴⁵³
蚊子	juŋ³³
蚜虫（农作物幼苗上的害虫）	tu:a³³phli:a⁴⁵³
蛀虫（蛀木，比蛆大，黑头）	tu:a³³mɔ:t⁴¹
蛀虫（粮食里的成虫）	nɔ:n²⁴
毛虫	tu:a³³kɛ:u⁴¹
臭虫	tu:a³³rɯ:at⁴¹
虱子	tu:a³³rai³³
头虱	hau²⁴
牛虱	lɯ:ap²²
鸡虱	rai³³
蜗牛	hɔ:i²⁴tha:k⁴¹
鼻涕虫（学名“蛞蝓”）	ma⁴⁵³lɛ:ŋ³³khi:⁴¹muk⁴⁵³
蛆	nɔ:n²⁴ma⁴⁵³lɛ:ŋ³³wan³³
蚕	tu:a³³mai²⁴
樟树蚕	tu:a²²mai²⁴ka:n³³bu:n³³
蛔虫	tu:a³³di:t²²
蚯蚓	sai⁴¹dɯ:an³³
蛙（小的）	khi:at²²

续表

汉语	国际音标
田鸡（大青蛙）	kop^{22}
癞蛤蟆	kha:ŋ^{33}khok^{453}
蝌蚪	lu:k^{41}kop^{453}, lu:k^{41}khi:at^{22}
虾（大虾、小虾）	ku:ŋ^{41}
鳖（甲鱼）	ta^{22}pha:p^{41}nam^{453}
蚌	hɔ:i^{24}
螺蛳	hɔ:i^{24}nam^{453}cə:t^{22}
螃蟹	pu:^{33}
乌龟	tau^{22}
鱼	pla:^{33}
鲤鱼	pla:^{33}kha:p^{41}
草鱼（鲩鱼）	pla:^{33}ci:n^{33}
金鱼	pla:^{33}ŋə:n^{33}pla:^{33}thɔ:ŋ^{33}
鳙鱼（胖头鱼）	pla:^{33}hu:a^{24}to:^{33}
鲶鱼	pla:^{33}ti:n^{33}
黑鱼（身有花斑，吃小鱼）	pla:^{33}hu:a^{24}ŋu:^{24}
黄鳝	pla:^{33}lai^{24}
泥鳅	pla:^{33}le:n^{33}ni:^{24}siu^{33}
水蚂蟥	pliŋ^{33}
角（兽角）	khau^{24}
牛角	khau^{24}wu:a^{33}
牛皮	naŋ^{24}wu:a^{33}
牛筋	sen^{41}ʔen^{33}wu:a^{33}
蹄	ki:p^{22}
爪	lep^{453}thau^{453}
尾巴	ha:ŋ^{24}
马鬃	khon^{24}phɛŋ^{24}khɔ:^{33}ma:^{453}
猪鬃	khon^{24}phɛ:ŋ^{24}khɔ:^{33}mu:^{24}
毛	khon^{24}
翅膀	pi:k^{22}
鸡冠	ŋɔ:n^{24}kai^{22}
鸡翎（翅、尾上的长羽毛）	khon^{24}ha:ŋ^{24}　khon^{24}pi:k^{22}
鸡胗	kra^{22}phɔ^{453}kai^{22}

续表

汉语	国际音标
鸡嗉囊	thuŋ^{24}kra^{22}phɔ^{453}kai^{22}
鸟嘴	ca^{22}ŋɔ:i^{33}kai^{22}
触角（昆虫的）	nu:at^{22}rap^{453}khwa:m^{33}ru:^{453}sɯk^{22}
鱼鳞	klet^{22}pla:^{33}
鱼鳃	khri:p^{41}
鱼鳔	kra^{22}phɔ^{453}pla^{33}
鱼刺	ka:ŋ^{41}pla:^{33}
鱼鳍	khri:p^{41}pla:^{33}
蜘蛛网	jai^{33}mɛ:ŋ^{33}mum^{33}
蚕茧	raŋ^{33}mai^{24}
蚕蛹	dak^{22}dɛ:^{41}
蜂刺	rai^{33} phɯŋ^{41}
树	ton^{41}mai^{453}
植树	mai^{453}jɯ:n^{33}ton^{41}pra^{22}phe:t^{41}son^{24}
松树	ton^{41}son^{24}
松香	ja:ŋ^{33}son^{24}
松针	bai^{33}son^{24}khem^{24}
杉树	ton^{41}cham^{22}cha:^{22}
杉树皮	plɯ:ak^{22}ton^{41}cham^{22}cha:^{22}
樟树	ton^{41}ka:n^{33}bu:n^{33}
樟脑	ka:n^{33}bu:n^{33}
枫树	ton^{41}me:^{33}pə:n^{41}
柳树	ton^{41}liu^{24}
漆树	ton^{41}rak^{453}
漆	lɛ:k^{41}kə:^{33}
棕榈树	ton^{41}pa: m^{33}
棕皮	plɯ:ak^{22}ton^{41}pa: m^{33}
桑树	ton^{41}mɔ:n^{22}
榕树（大叶、小叶）	ton^{41}ma^{453}dɯ:a^{22}
香椿树	ton^{41}jom^{33}hɔ:m^{24}
油桐树	ton^{41}nam^{453}man^{33}koŋ^{33}
桐油	nam^{453}man^{33}sa^{22}kat^{22}ca:k^{22}phɯ:t^{41}mi:^{33}phit^{453}
木棉树	ton^{41}nun^{41}

续表

汉语	国际音标
苦楝树	$ton^{41}khu:^{22}li:an^{41}$
寄生树	$ton^{41}ka:^{33}fa:k^{22}$
树林	$pa:^{33}mai^{453}$
树皮	$plɯ:ak^{22}ton^{41}mai^{453}$
树梢	$jɔ:t^{41}ton^{41}mai^{453}$
树干	$lam^{33}ton^{41}$
树杈（树枝分长处）	$kiŋ^{22}ka:n^{41}$
树墩（砍伐剩下的树桩）	$tɔ:^{33}mai^{453}$
树浆	
根	$ra:k^{41}$
茎	$ka:n^{41}$
芽（种子芽）	$nɔ:^{22}ʔɔ:n^{22}$
芽（树芽）	$ŋɔ:k^{22}$
叶子	$bai^{33}mai^{453}$
叶脉	$se:n^{41}jai^{33}khɔŋ^{24}bai^{33}$
花	$dɔ:k^{22}mai^{453}$
蓓蕾（花包包）	$dɔ:k^{22}tum^{33}$
花瓣	$kli:p^{22}dɔ:k^{22}$
蒂（花果等跟枝茎相连部分）	$ka:n^{41}$
藤（蔓）	$thau^{24}wan^{33}$
果子	$phon^{24}la^{453}mai^{453}$
核（果核）	$ma^{453}let^{453}nai^{33}$
仁（果仁）	$ma^{453}let^{453}$
种子	$ma^{453}let^{453}phan^{33}$
葡萄	$ton^{453}ʔa^{22}ŋun^{22}$
野葡萄	$ton^{41}ʔa^{22}ŋun^{22}pa:^{33}$
芭蕉	$klu:ai^{41}nam^{453}wa:^{41}$
香蕉	$klu:ai^{41}hɔ:m^{24}$
栗子	$kau^{33}lat^{453}$
毛栗（锥栗）	$sin^{33}khwa:^{33}phin^{33}$
桃子	$lu:k^{41}thɔ:^{453}$
梅子	$mə:i^{24}$
柿子	$phlap^{453}$

续表

汉语	国际音标
李子	lu:k⁴¹phlam³³
梨	sa:²⁴li:⁴¹
杨梅	be:²²bə:³³ri⁴¹dɛ:ŋ³³
桃金娘（稔子）	ka²²mu:³³tiŋ³³
枇杷	phi:²⁴pha:³³
柚子	som⁴¹ʔo:³³
橙子（广柑）	som⁴¹ci:n³³
桔子（比柑小，味酸）	som⁴¹
柑子	som⁴¹
石榴	thap⁴⁵³thim³³
甘蔗	ʔɔ:i⁴¹
向日葵	dɔ:k²²tha:n³³ta²²wan³³
浮萍	cɔ:k²²hɛ:n²⁴
水葫芦（秋天紫花，可作饲料）	phak²²top²²cha⁴⁵³wa:³³
金银花	ton⁴¹cin³³ʔin²⁴ha⁴⁵³wa:³³
栀子（果实可作黄色染料）	phut⁴⁵³ci:n³³,phut⁴⁵³ phut⁴⁵³jai²²
五倍子	wu:²⁴pə:i⁴¹cɯ:²²
车前草	ton⁴¹plɛ:n³³thin³³
茅草	ja:⁴¹kha:³³kha:u²⁴
艾草	mai⁴⁵³wɔ:m³³wu:t⁴¹
烟叶	bai³³ja:³³su:p²²
蓝靛草	khra:m³³
狗尾草	ja:⁴¹ha:ŋ²⁴ma:²⁴
蕨草（嫩可吃，地下茎可作淀粉）	phak²²ku:t²²
鸡冠花	dɔ:k²²ŋɔ:n²⁴kai²²
荷花	dɔ:k²²bu:a³³
牵牛花（长柄、刺叭形）	dɔ:k²²na⁴¹wa:u³³
八角（香料）	poi³³kak⁴⁵³
薄荷	sa²²ra⁴⁵³nɛ:n²²
紫苏	ho:²⁴ra⁴⁵³pha:³³
茴香（小茴香）	ji:⁴¹ra:²²
木耳	het²²hu:²⁴nu:²⁴
香菌（香菇）	het²²hɔ:m²⁴

续表

汉语	国际音标
菌子	het^{22}
青苔	ta^{22}khrai^{41}nam^{453}, ja:^{41}mɔt^{453}
棉花	fa:i^{41}

二、句型调查（部分）

（一）名词单独说或充当句子成分时是否带量词或词头？在构成复合词或跟其他词组合成词组时，量词或词头是否省去？

（1）我们今天去种树，弟弟种了一棵柚子树，我种了两棵梨树。

wan^{33}ni:^{453}rau^{33}pai^{33}plu:k^{22}ton^{41}mai^{453}nɔ:ŋ^{453}cha:i^{33}plu:k^{22}ton^{41}som^{41}ʔo:^{33} nɯŋ^{22}ton^{41} chan^{24}/phom^{24}plu:k^{22}ton^{41}sa:^{24}li:^{22}sɔŋ^{24}ton^{41}

（2）树上有三只鸟。

bon^{33}ton^{41}mai^{453}mi:^{33}nok^{453}3tu:a^{33}

（3）我家养了一只小花狗。

ba:n^{41}khɔŋ^{24}chan^{24}li:aŋ^{453}lu:k^{41}su^{22}nak^{453}si:^{24}nam^{453}ta:n^{33}nwŋ^{22}tu:a^{33}

（4）昨天狗把猫咬死了。

mɯ:a^{41}wa:n^{33}ni:^{453}su^{22}nak^{453}kat^{22}mɛ:u^{33}con^{33}mɛ:u^{33}ta:i^{33}pai^{33}lɛu^{453}

（5）我不吃猪肉。

chan^{24}mai^{41}kin^{33}nɯ:a^{453}mu:^{24}

（6）碗和筷子都有了。

cha:m^{33}kap^{22}ta^{22}ki:ap^{22}mi:^{33}lɛ:u^{24}thaŋ^{453}mot^{22}

（7）拿锯子来锯木头。

ʔau^{33}lɯ:ai^{41}ma:^{33}lɯ:ai^{41}ton^{41}mai^{453}

（8）妈妈去买衣服和鞋子给我。

khun^{33}mɛ:^{41}pai^{33}sɯ:^{453}sɯ:a^{41}pha:^{41}kap^{22}rɔ:ŋ^{33}thau^{453}hai^{41}chan^{24}

（9）我的手痛。

mɯ:^{33}khɔ:ŋ^{24}chan^{24}cep^{22}

（10）这座山很高。

phu:^{33}khau^{24}lu:k^{41} ni:^{453}su:ŋ^{24}ma:k^{41}

（二）名词能不能重叠？有几种重叠方式？

（1）树树满山，山山有树。

ton^{41}mai^{453}la:i^{24}ton^{41}ju:^{22}nai^{33}phu:^{33}khau^{24},phu:^{33}khau^{24}la:i^{24}lu:k^{41}mi:^{33}ton^{41} mai^{453}

（2）鸡鸡鸭鸭都有。

mi:^{33}kai^{22}la:i^{24}tu:a^{33} pet^{22}la:i^{24}tu:a^{33} ju:^{22}thaŋ^{453}mot^{22}

（3）酒酒肉肉摆满一桌。

mi:^{33}lau^{41}la:i^{24}khu:at^{22} mi:^{33}nɯ:a^{453}l a:i^{24}kɔ:n^{41}wa:ŋ^{33}ju:^{22}to^{453}

（三）表示人的称谓和职业的名称，一般是怎样构成的？

（1）我是木匠，你是铁匠，他是庄稼人。

chan^{24}pen^{33}cha:ŋ^{41}mai^{453},khun^{33}pen^{33}cha:ŋ^{41}lek^{22},khau^{24}pen^{33}cha:u^{33}rai^{41} cha:u^{33}na:^{33}

（2）现在，瞎子、聋子、哑巴也能进学校读书。

tɔ:n^{33}ni:^{453}khon^{33}ta:^{33}bɔ:t^{22},khon^{33}hu:^{24}nu:ak^{22},khon^{33}bai^{41}khau^{41}ri:an^{33}thi:^{41} ro:ŋ^{33}ri:an^{33}dai^{41}ʔi:k^{22}

（3）补锅匠到我们村子来了。

cha:ŋ^{41}sɔ:m^{41}mɔ:^{453}ma:^{33}thɯŋ^{24}thi:^{41}chon^{33}na:^{33}bot^{22}khɔ:ŋ^{24}rau^{33}lɛu^{453}

（4）医生给他看病。

mɔ:^{24}truat^{22}khai^{41}hai^{41}khau^{24}

（四）名词的复数怎样表示？

（1）姑娘们正在村边唱歌。

sa:u^{24}sa:u^{24}kam^{33}laŋ^{33}rɔ:ŋ^{453}phle:ŋ^{33}ju:^{22}thi:^{41}chon^{33}na:^{33}pot^{22}

（2）孩子们上学去了。

dek^{22}dek^{22}pai^{33}ri:an^{33}lɛu^{453}

（3）亲戚朋友们都来贺新房。

ja:t^{41}phi:^{41}nɔ:ŋ^{453}thaŋ^{453}la:i^{24}/thaŋ^{453}mot^{22}ma:^{33}cha^{22}lɔ:ŋ^{33}ba:n^{41}mai^{22}

（4）同志们都来看望他。

sa^{22}ha:i^{24}thaŋ^{453}la:i^{24}/thaŋ^{24}mot^{22}ma:^{33}ji:am^{41}khau^{24}

（5）那三个人都是我们村里的。

sa:m^{24}khon^{33}nan^{453}thaŋ^{453}mot^{22}pen^{33}khon^{33}nai^{33}mu:^{22}ba:n^{41}khɔ:ŋ^{24}khau^{24}

（6）一群鸟在天空中飞来飞去。

nok^{453}fu:ŋ^{24}nɯŋ^{22}bin^{33}pai^{33}bin^{33}ma:^{33}ju:^{22}bon^{33}thɔ:ŋ^{453}fa:^{453}

（7）我家养有一些鸭子。

ba:n^{41}khɔ:ŋ^{24}chan^{24}li:aŋ^{453}pet^{22}fu:ŋ^{24}nɯ:ŋ^{22}

（8）这些树又高又大。

ton^{41}mai^{453}lau^{22}ni:^{453}thaŋ$^{4\ 53}$su:ŋ^{24}thaŋ^{453}jai^{22}

（五）人和动物的性别雌雄怎样表示？表示性别的词或词素放在前边还是放在后边？这些表示性别的词能否作量词用？

（1）这只是公鸡，那只是母鸡。

kai^{22}tu:a^{33}ni:^{453}pen^{33}kai^{22}tu:a^{33}phu:^{41},kai^{22}tu:a^{33}nan^{453}pen^{33}kai^{22}tu:a^{33}mi:a^{33}

（2）我们养着一只公鸡和两只母鸡。

rau^{33}li:aŋ^{453}kai^{22}tu:a^{33}phu:^{41} 1tu:a^{33}lɛ^{453}kai^{22}tu:a^{33}mi:a^{33}sɔ:ŋ^{24}tu:a^{33}

（3）我们的母鸡下蛋了。

kai^{22}tu:a^{33}mi:a^{33}khɔ:ŋ^{24}rau^{33}ʔɔ:k^{22}khai^{22}lɛu^{453}

（4）公牛犁田比母牛快。

wu:a^{33}tu:a^{33}phu:^{41}thai^{24}na:^{33}reu^{33}kwa:^{22}wu:a^{33}tu:a^{33}mi:a^{33}

（5）这匹公马又好看，又跑得快。

ma:^{453}thu:a^{33}phu:^{41}tu:a^{33}ni:^{453}thaŋ^{453}su:ai^{24}thaŋ^{453}wiŋ^{41}reu^{33}

（6）我有一个弟弟两个妹妹。

chan^{24}mi:^{33}nɔ:ŋ^{453}cha:i^{33}nɯŋ^{22}khon^{33}nɔ:ŋ^{453} sa:u^{24}sɔ:ŋ^{24}khon^{33}

（六）方位词受名词修饰时，词序怎样？

（1）屋子里有人说话。

nai^{33}hɔ:ŋ^{41}mi:^{33}si:aŋ^{24}khon^{33}phu:t^{22}kan^{33}

（2）桌子上有一本书。

bon^{33}to^{453}mi:^{33}naŋ^{24}sɯ:^{34}lem^{41}nɯŋ^{22}

（3）你的鞋子在床底下。

rɔ:ŋ^{33}thau^{453}khɔ:ŋ^{24}khun^{33}ju:^{22}thi:^{41}tai^{31}ti:aŋ^{33}

（4）房子前面有一条河，房子后面有一座山。

kha:ŋ^{41}na:^{41}ba:n^{41}mi:^{33}khlɔ:ŋ^{33}/mɛ:^{41}nam^{453}lam^{33}tha:n^{33}kha:ŋ^{41}laŋ^{24}ba:n^{41} mi:^{33}phu:^{33}khau^{24}nɯŋ^{22}lu:k^{41}

（5）房子当中放着一张小方桌。

kla:ŋ^{33}hɔ:ŋ^{41}mi:^{33}to^{453}lek^{453}lek^{453}wa:ŋ^{33}ju:^{22}

（6）他坐在路边休息。

khau^{24}naŋ^{41}phak^{453}ju:^{22}thi:^{41}ri:m^{33}tha^{22}non^{24}

（7）我住在他家的对面。

chan^{24}phak^{453}ju:^{22}thi:^{41}troŋ^{33}kha:m^{41}khɔ:ŋ^{24}khau^{24}

（8）衣服都晾在房子外面晒太阳。

sɯ:a^{41}pha:^{41}thaŋ^{453}mot^{22}ta:k^{22}dɛ:t^{22}ju:^{22}nɔ:k^{453}ba:n^{41}

（七）方位词修饰名词或量词时，词序怎样？

（1）前面的房子是我伯父的，后面的房子是我叔叔的。

ba: n^{41}laŋ^{24}thi:^{41}ju:^{22}kha:ŋ^{41}na:^{41} pen^{33}ba:n^{41}luŋ^{33}khɔ:ŋ^{24}chan^{24},ba:n^{41}laŋ^{24} pen^{33}ʔa:^{33}khɔ:ŋ^{24}chan^{24}

（2）东边的山比西边的山高。

phu:^{33}khau^{24}thi:^{41}ju:^{22}da:n^{41}thit^{453}ta^{22}wan^{33}ʔɔ:k^{22}su:ŋ^{24}kwa:^{22}phu:^{33}khau^{24} thi:^{41}ju:^{22}da:n^{41} thit^{453}ta^{22}wan^{33}tok^{22}

（3）里面的衣服窄，外面的衣服宽。

sɯ:a^{41}pha:^{41}kha:ŋ^{41}nai^{33}fit^{453},sɯ:a^{41}pha:^{41}kha:ŋ^{41}nɔ:k^{41}lu:am^{24}

（4）上面那两块地种玉米，下面这三块地种花生。

bon^{33}na:^{33}sɔ:ŋ^{24}phɯn^{24}nan^{453}plu:k^{22}khau^{41}pho:^{41},kha:ŋ^{41}la:ŋ^{41}na:^{33}sa:m^{24} phɯ:n^{24}nan^{453}plu:k^{22}:thu:a^{22}li^{453}soŋ^{24}

（八）时间词的用法怎样表示？

（1）今天六月初九。

wan^{33}ni:^{453}wan^{33}thi:^{41}kau^{41}mi^{453}thu^{22}na:^{33}jon^{33}cun^{33}sak^{22}ra:t^{41}

（2）这几天很冷。

la:i^{24}wan^{33}ni:^{453}ʔa:^{33}ka:t^{22}na:u^{24}ma:k^{41}

（3）现在是雨季。

tɔ:n^{33}ni:^{453}pen^{33}rɯ:^{453}du:^{33}fon^{24}

（4）一个月以前我还不认识他呢。

mɯ: a^{41}nɯŋ^{22}dɯ:n^{33}kɔ:n^{22} chan^{24}jaŋ^{33}mai^{41}ru:^{453}cak^{22}khau^{24}

（5）今天晚上我去找你。

tɔ:n^{33}jen^{33}wan^{33}ni:^{453}chan^{24}ca^{22}pai^{33}ha:^{24}khun^{33}

（6）七八月里割稻子。

nai^{33}dɯ:an^{33}ka^{22}ra^{453}ka^{22}la^{33}khom^{33}siŋ^{22}ha:^{24}khom^{33}mi:^{33}ka:n^{33}ki: au^{22}kha:u^{41}

（7）什么时候饿了，什么时候吃。

hiu^{24}mɯ:a^{41}rai^{22}kin^{33}mɯ:a^{41}nan^{453}

（8）我现在去。

tɔn^{33}ni:^{453}chan^{24}pai^{33}/chan^{24}pai^{33}tɔn^{33}ni:^{453}

（9）他今天来。

wan^{33}ni:^{453} khau^{24}ma:^{33}/khau^{24}ma:^{33}wan^{33}ni:^{453}

（10）从前没吃没穿，现在吃得饱穿得暖，将来的生活还要更好呢！

sa^{22}mai^{24}kɔn^{22}mai^{41}mi:^{33}kin^{33} mai^{41}mi:^{33}sɯ:a^{41}pha:^{41}sai^{22} tɔn^{33}ni:^{453}mi:^{33} kin^{33}ʔim^{22}thɔŋ^{453}mi:^{33}sɯ:a^{41}pha:^{41}suam^{24}sai^{22}chi:^{33}wit^{453}nai^{33}ʔa:^{33}na:^{33} khot^{453} ca^{22}di:^{33}kwa:^{22}ni:^{453}

（11）这几天，天天下雨。

la:i^{24}wan^{33}ni:^{453} thuk^{453} thuk^{453} wan^{33}fon^{24}tok^{22}

（12）我们家年年都种玉米。

ba:n^{41}khɔ:ŋ^{24}rau^{33}thuk^{453}thuk^{453}pi:^{33} plu:k^{22}kha:u^{41}pho:t ^{41}tha ŋ^{453}mot^{22}

（13）我早上去犁田，下午去挖白薯。

tɔ:n^{33}chau^{453}chan^{24}pai^{33}thai^{24}na:^{33} tɔ:n^{33}ba:i^{22}pai^{33}khut^{22}man^{33}kɛ:u^{33}

（14）从早到晚，他都在地里干活。

taŋ^{41}tɛ:^{22}chau^{453}thɯŋ^{24}jen^{33}khau^{24}tham^{33}na:^{33}ju:^{22}nai^{33}na:^{33}

（15）我等了半天你都不来。

chan^{24}rɔ:^{33}khun^{33}ma:^{33}khrɯŋ^{41}wan^{33} tɛ:^{22}khun^{33}kɔ^{41}jaŋ^{33}mai^{41}ma:^{33}

（16）今年的稻子比去年的好。

ton^{41}kha:u^{41}pi:^{33}ni:^{453}di:^{33}kwa:^{22}pi:^{33}kla:i^{33}

（九）名词修饰名词表示领属关系时词序怎么样？

（1）伯父的房子已经修好了。

ba:n^{41}khɔŋ^{24}luŋ^{33}sa:ŋ^{41}set^{22}lɛu^{453}

（2）村里的马昨天下小驹了。

ma:^{453}thi:^{41}ju:^{22}nai^{33}mu:^{22}ba:n^{41}ʔ ɔ:k^{22}lu:k^{41}ma:^{453} mɯ:a^{41}wa:n^{33}tɔ:n^{33}ba:i^{22}

（3）村主任的儿子回来参加生产了。

lu:k^{41}cha:i^{33}khɔ:ŋ^{24}phu:^{41}jai^{22}ba:n^{41}klap^{22}ma:^{33}ru:am^{41}tham^{33}ŋa:n^{33}nai^{33}ba:n^{41}

（十）名词修饰名词表示来源、出处、年龄等关系时，词序怎样？

（1）河里的鱼比塘里的鱼好吃。

pla:^{33}mɛ:^{41}nam^{453}ʔa:^{33}rɔ:i^{22}kwa:^{22}pla:^{33}bɔ:^{22}

（2）我们的老师是北京人。

khru:^{33}khɔ:ŋ^{24}rau^{33}ma:^{33}ca:k^{22}kruŋ^{33}pak^{22}kiŋ^{22}

（3）本地姜不辣。

khiŋ^{24}thɔ:ŋ^{453}thin^{22}ca^{22}mai^{41}phet^{22}rɔ:n^{453}

（4）五岁的孩子爱放鞭炮，十八岁的姑娘爱戴花。

dek^{22}ʔa:^{33}ju^{453}ha:^{41}khu:ap^{22}chɔ:p^{41}cut^{22}dɔ:k^{22}mai^{453}fai^{33},sa:u^{24}ʔa:^{33}ju^{453}sip^{22}pɛ:t^{22}chɔ:p^{41}tit^{22}dɔk^{22}mai^{453}

（十一）人称代词有没有单数、双数、复数的区别？是怎样构成的？

（1）我是工人，你是农民，他是学生。

chan^{24}pen^{33}kam^{33}ma^{453}kɔn^{33}khun^{33}pen^{33}cha:u^{33}na:^{33}khau^{24}pen^{33}nak^{453}sɯk^{22}sa:^{24}

（2）我俩犁田，你俩耙田，他俩插秧。

rau^{33}sɔ:ŋ^{24}khon^{33}thai^{24}na:^{33},khun^{33}sɔ:ŋ^{24}khon^{33}khra:t^{41}na:^{33},khau^{24}sɔ:ŋ^{24}khon^{33}plu:k^{22}kha:u^{41}

（3）我们不去了，你自己去吧。

rau^{33}ca^{22}mai^{41}pai^{33},khun^{33}pai^{33}ʔeŋ^{33}thə^{22}

（4）你们住在哪里？

khun^{33}ca^{22}ju:^{22}thi:^{41}nai^{24}

（5）我们都来了。

phuak^{41}rau^{33}thaŋ^{453}mot^{22}ma:^{33}lɛu^{453}

（6）今天我们去砍树，你们去挖水渠，明天咱们一起去打猎。

wan^{33}ni:^{453}rau^{33}pai^{33}tat^{22}ton^{41}mai^{453},khun^{33}pai^{33}khut^{22}khlɔŋ^{33}mɛ:^{41}nam^{453}lam^{33}tha:n^{33},phruŋ^{41}ni:^{453}rau^{33}pai^{33}la:^{41}sat^{22}

（7）我们三个都住在那边的村子里。

rau^{33}sa:m^{24}khon^{33}ju:^{22}nai^{33}mu:^{22}ba:n^{41}thi:^{41}nan^{41}

（十二）“自己”有几种说法？用法上有什么不同？

（1）自己做自己吃。

tham^{33}ʔa:^{33}ha:n^{24}ʔeŋ^{33},kin^{33}ʔa:^{33}ha:n^{24}ʔeŋ^{33}

（2）我自己都不知道，你怎么会知道？

chan^{24}mai^{41}ru:^{453},khun^{33}tham^{33}mai^{33}ru:^{453}

（3）这是你自己说的。

ni:^{41}pen^{33} thi:^{41} khun^{33} phu:t^{41}ʔeŋ^{33}

（4）你们别说，让他自己说吧。

khun^{33}mai^{41}phu:t^{41},hai^{41}khau^{24}phu:t^{41}ʔe:ŋ^{33}

（十三）“别人”“人家”“大家”有哪些说法？用法上有什么不同？

（1）咱们不要人家的东西。

rau^{33}mai^{41}ʔau^{33}siŋ^{22}khɔ:ŋ^{24}khɔ:ŋ^{24}khon^{33}ʔɯ:n^{22}

（2）他不去，让别人去。

khau^{24}mai^{41}pai^{33},hai^{41}khon^{33}ʔɯ:n^{22}pai^{33}

（3）你别告诉别人。

ja:^{22}bɔ:k^{22}khrai^{33}/ja:^{22}bɔ:k^{22}khon^{33}ʔɯ:n^{22}

（4）大家都来了。

thuk^{453}khon^{33}thaŋ^{453}mot^{22}ma:^{33}lɛu^{453}

（十四）“谁”“哪”和“什么”有什么说法？当它们修饰名词或量词时，词序怎样？

（1）谁是老师？

khrai^{33}pen^{33}ʔa:^{33}ca:n^{33}

（2）这是谁的衣服？

sɯ:a^{41}pha:^{41}khɔ:ŋ^{24}khrai^{33}

（3）你找谁？

khun^{33}ma:^{33}ha:^{24}khrai^{33}

（4）哪一本书是你的？

naŋ^{24}sɯ:^{24}le:m^{41}nai^{24}pen^{33}khɔ:ŋ^{24}khun^{33}

（5）哪里有水？

thi:^{41}nai^{24}mi:^{33}nam^{453}

（6）这里什么都没有。

thi:^{41}ni:^{41}mai^{41}mi:^{33}ʔa^{22}rai^{33}ləi^{33}

（7）有什么给什么。

mi:^{33}ʔa^{22}rai^{33}hai^{41}ʔan^{33}nan^{453}

（8）他为什么不来？

khau^{24}tham^{33}mai^{33}mai^{41}ma:^{33}

（9）这是什么花？

dɔ:k^{22}mai^{453}cha^{22}nit^{22}ni:^{453}khɯ:^{33}ʔa^{22}rai^{33}

（十五）“怎样”有几种说法？怎样用？

（1）怎样做才好呢？

rau^{33}ca^{22}tham^{33}ja:ŋ^{22}rai^{33}di:^{33}

（2）你想怎么样就怎么样。

khun^{33}khit^{453}ja:ŋ^{22}rai^{33}kɔ^{41}tham^{33}ja:ŋ^{22}nan^{453}

（3）你怎么想就怎么做吧。

khun^{33} khit^{453}ja:ŋ^{22}rai^{33}kɔ^{41}tham^{33}ja:ŋ^{22}nan^{453}

（十六）相当于“多少”“几”的词有几个？用法有什么不同？

（1）你的村子有几家人？

mu:^{22}ba:n^{41}khɔ:ŋ^{24}khun^{33}mi:^{33}ki:^{22}khrɔ:p^{41}kru:a^{33}

（2）有五十多家。

mi:^{33}ha:^{41}sip^{22}khwa^{22}khrɔ:p^{41}khru:a^{33}

（3）从这里到城里去还有多远？

ca:k^{22}thi:^{41}ni:^{41}pai^{33}mɯ:aŋ^{33}klai^{33}thau^{41}rai^{22}

（4）你到这里有多久了？

khun^{33}ma:^{33}thi:^{41}ni:^{41}na:n^{33}thau^{41}rai^{22}lɛu^{453}

（5）有一个多月了。

nɯŋ^{22}dɯ:an^{33}khwa:^{22}lɛu^{453}

（6）白菜多少钱一斤？

ka^{22}lam^{22}pli:^{33}ra:^{33}kha:^{33}ki:^{33}lo:^{33}la^{453}thau^{41}rai^{22}

（十七）有没有相当于汉语“每”的词？用法如何？

（1）我们每天吃三顿饭。

rau^{33}khin^{33}sa:m^{24}mɯ:^{453}tɔ:^{22}wan^{33}

（2）每个人挑三担。

tɛ:^{22}la^{453}khon^{33}ha:p^{22}khon^{33}la^{453}sa:m^{24}ha:p^{22}

（十八）指示词有几个？用法和词序怎样？

（1）这里有田，那里（指不太远的地方）有一条小河，那里（指比较远的地方）有一座大山。

ni:^{41}mi:^{33}na:^{33} nan^{41}mi:^{33}khlɔŋ^{33} mɛ:^{41}nam^{453}lam^{33}tha:n^{33} no:n^{453}mi:^{33} phu:^{33}khau^{24} jai^{22}

（2）这是你的，那是他的。

ni:^{41}pen^{33}khɔŋ^{24}khun^{33},nan^{41}pen^{33}khɔŋ^{24}khau^{24}

（3）这样做不好，那样做才好。

tham^{33}bɛ:p^{22}ni:^{453}mai^{41}di:^{33} tam^{33}bɛ:p^{22}nan^{453}kɔ^{41}di:^{33}

（4）我在这儿，你在那儿，好好看着，别让他跑了。

chan^{24}phak^{453}ju:^{22}thi:^{41}ni:^{41} khun^{33}phak^{453}ju:^{22}thi:^{41}nan^{41} du:^{33}khau^{24}di:^{33}di:^{33} ja:^{22}plɔi^{22}khau^{24}wiŋ^{41}ni:^{24}pai^{33}

（5）他的这头黑猪比那三头都肥。

mu:^{24}dam^{33}tua^{33}ni:^{453}pe:n^{33}khɔŋ^{24}khau^{24}ʔuan^{41}kwa:^{22}sa:m^{24}tua^{33}nan^{453}

（十九）人称代词作定语或作谓语时，是否需要结构助词？

（1）我父亲是他舅舅。

khun^{33}phɔ:^{41}khɔŋ^{24}chan^{24}pe:n^{33}na:^{453}cha:i^{33}khɔŋ^{24}khau^{24}

（2）我弟弟今年十岁了。

nɔŋ^{453}cha:i^{33}khɔŋ^{24}chan^{24}pi:^{33}ni:^{453}ʔa:^{33}ju^{453}sip^{22}khuap^{22}

（3）你的书在桌子上。

naŋ^{24}sɯ: ^{24}khɔŋ^{24}khun^{33}ju:^{22}bon^{33}to^{453}

（4）我的碗比你的大。

cha:m^{33}khɔŋ^{24}chan^{24}jai^{22}kwa:^{22}khɔŋ^{24}khun^{33}

（5）这座房子是他的。

ba:n^{41}laŋ^{24}ni:^{453}pe:n^{33}khɔŋ^{24}khau^{24}

（6）这个是我的，那个是你的。

ni:^{41}pen^{33}khɔŋ^{24}chan^{24},nan^{41}pen^{33}khɔŋ^{24}khun^{33}

（二十）基数和序数是否相同？用法怎样？“零”“半”怎样表示？

（1）这里有几只羊？让我数一数：一只、两只、三只、四只、五只、六只、七只、八只、九只、十只、十一只、十二只、十三只，……一共十三只。

thi:^{41}ni:^{41}mi:^{33}kɛ^{22}cam^{33}nuan^{33}thau^{41}rai^{22}hai^{41}chan^{24}nap^{453}cam^{33}nuan^{33} nɯŋ^{22}tua^{33},sɔŋ^{24}tua^{33},sa:m^{24}tua^{33},si:^{22}tua^{33},ha:^{41}tua^{33},hok^{22}tua^{33},cet^{22}tua^{33},pɛ:t^{22} tua^{33},kau^{41}tua^{33},sip^{22}tua^{33},sip^{22}ʔet^{22}tua^{33},sip^{22}sɔŋ^{24}tua^{33},sip^{22}sa:m^{24} tua^{33},⋯⋯ ruam^{33}thaŋ^{453}mot^{22}sip^{22}sa:m^{24}tua^{33}

（2）第一队、第二队、第三队……第十三队。

thi:m^{33}rɛ:k^{41},thi:m^{33}thi:^{41}nɯŋ^{22}, thi:m^{33}thi:^{41}sɔŋ^{24}, thi:m^{33}thi:^{41}sa:m^{24}⋯⋯ thi:m^{33}thi:^{41}sip^{22}sa:m^{24}

（3）大家跟着数：一、二、三、四、五、六、……一百。

phuak^{41}rau^{33}nap^{453}cam^{33}nuan^{33}ta:m^{33} nɯŋ^{22}, sɔŋ^{24}, sa:m^{24},ha:^{41}, hok^{22} ……rɔi^{453}

（4）那块地第一年种玉米，第二年种白薯。

thi:^{41}din^{33}plu:k^{22}kha:u^{41}pho:t^{41}pi:^{33}rɛ:k^{41},pi:^{33}thi:^{41}sɔŋ^{24}plu:k^{22}man^{33}thet^{41}

（5）一加二等于三，一百零二减一等于一百零一。

nɯŋ^{22}buak^{22}sɔŋ^{24}thau^{41}kap^{22}sa:m^{24},nɯŋ^{22}rɔi^{453}sɔŋ^{24}lop^{453}nɯŋ^{22}thau^{41}kap^{22}rɔi^{453}nɯŋ^{22}

（6）有一年，一连两个月不下雨。

pi:^{33}nɯŋ^{22},tɛ:^{22}ca^{22}mai^{41}mi:^{33} fon^{24}pen^{33}we:^{33}la:^{33}sɔŋ^{24}dɯ:n^{33}

（7）我买了二十只碗。

chan^{24}sɯ:^{453}ji:^{41}sip^{22}cha:m^{33}

（8）十个鸡蛋大概有一斤。

khai^{22}sip^{22}fɔŋ^{33}mi:^{33}pra^{22}ma:n^{33}nɯŋ^{22}ki^{22}lo:^{33}

（9）我们村一共有一千零二十一人。

mu:^{22}ba:n^{41}khɔŋ^{24}rau^{33}thaŋ^{453}mot^{22}mi:^{22}khon^{33}nɯŋ^{22}phan^{33}ji:^{41}sip^{22}ʔet^{22} khon^{33}

（10）从一百八（十）到二百五（十）。

ca:k^{22}mɯŋ^{22}rɔi^{453}pɛ:t^{22}sip^{22}thɯŋ^{24}sɔŋ^{24}rɔi^{453}ha:^{41}sip^{22}

（11）我大姐跟幺妹到外婆家去了。

phi:^{41}sa:u^{24}khɔŋ^{24}chan^{24}kap^{22}nɔŋ^{453}sa:u^{24}khon^{33}sut^{22}thɔŋ^{453}pai^{33}ba:n^{41}khɔŋ^{24} kun^{33}ja:i^{33}lɛu^{453}

（12）大儿子、二儿子、三儿子、四儿子、五、六、七、幺。

lu:k^{41}cha:i^{33}khon^{33}to:^{33}, lu:k^{41}cha:i^{33}khon^{33}thi:^{41}sɔŋ^{24}, lu:k^{41}cha:i^{33}khon^{33} thi:^{41}sa:m^{24}, lu:k^{41}cha:i^{33}khon^{33}thi:^{41}si:^{22}, lu:k^{41}cha:i^{33}khon^{33}thi:^{41}ha:^{41}, lu:k^{41} cha:i^{33}khon^{33}thi:^{41}hok^{22}, lu:k^{41}cha:i^{33}khon^{33}thi:^{41}cet^{22},lu:k^{41}cha:i^{33}khon^{33}sut^{22}thɔŋ^{453}

（13）大女儿、二女儿、三女儿、四女儿、五、六、七、幺。

lu:k^{41}sa:u^{24}khon^{33}to:^{33}, lu:k^{41}sa:u^{24}khon^{33}thi:^{41}sɔŋ^{24}, lu:k^{41}sa:u^{24}khon^{33} thi:^{41}sa:m^{24}, lu:k^{41}sa:u^{24}khon^{33}thi:^{41}si:^{22}, lu:k^{41}sa:u^{24}khon^{33}thi:^{41}ha:^{41}, lu:k^{41}sa:u^{24} khon^{33}thi:^{41}hok^{22}, lu:k^{41}sa:u^{24}khon^{33}thi:^{41}cet^{22}, lu:k^{41}sa:u^{24}khon^{33}sut^{22}thɔŋ^{453}

（二十一）约数怎样表示？

（1）树上还有一两个果子。

bon^{33}ton^{41}mai^{453}jaŋ^{33}mi:^{33}phon^{24}la^{453}mai^{453}sɔŋ^{24}lu:k^{41}

（2）那个人有三十岁上下。

khon^{33}nan^{453}mi:^{33}ʔa:^{33}ju^{453}pra^{22}ma:n^{33}sa:m^{24}sip^{22}pi:^{33}

（3）他明天八点钟左右来这里。

phruŋ^{41}ni:^{453}khau^{24}ca^{22}ma:^{33}thi:^{41}ni:^{41} pra^{22}ma:n^{33}pɛ:t^{22}mo:ŋ^{33}

（4）我们村有一百多家，约五百人。

mu:^{22}ba:n^{41}khɔŋ^{24}rau^{33}mi:^{33}khrɔp^{41}khrua^{33}nɯŋ^{22}rɔi^{453}khrɔp^{41}khrupa^{33} ra^{22} ma:n^{33}ha:^{41}rɔi^{453}khon^{33}

（5）五六个人，七八个人编成一组都行。

ha:^{41}hok^{22}khon^{33}rɯ:^{24}tet^{22}pɛ:t^{22}khon^{33}cat^{22}klum^{22}kɔ^{41}dai^{41}

（6）河边有三（四）五个人洗衣服。

rim^{33}mɛ:^{41}nam ^{453}mi:^{33}sa:m^{24}（si:^{22}）ha:^{41}khon^{33}ma:^{33}sak^{453}pha:^{41}

（7）这个孩子大约有十二三岁。

dek^{22}khon^{33}ni:^{453}mi:^{33}ʔa:^{33}ju^{453}pra^{22}ma:n^{33}sip^{22}sɔŋ^{24}rɯ:^{24}sip^{22}sa:m^{24}pi:^{33}

（8）他父亲已经七八十岁了。

kun^{33}phɔ:^{41}khɔŋ^{24}khau^{24}mi:^{33}ʔa:^{33}ju^{453}pra^{22}ma:n^{33}cet^{22}sip^{22}rɯ:^{24}pɛ:t^{22}sip^{22} pi:^{33}lɛu^{453}

（二十二）倍数、分数怎样表示？

（1）这堆果子比那堆多三倍。

phon^{24}la^{453}mai^{453}kɔŋ^{33}ni:^{453}jə^{453}kwa:^{22}phon^{24}la^{453}mai^{453}kɔŋ^{33}nan^{453}sa:m^{24}thau^{41}

（2）这片稻子已经熟了七八成了。

kha:u^{41}plɛ:ŋ^{33}ni:^{453}ca^{22}ʔɔk^{22}ruaŋ^{33}tet^{22}rɯ:^{24}pɛ:t^{22}pə:^{33}sɛ:n^{33}

（3）我要三分之一，你要三分之二。

chan^{24}tɔŋ^{41}ka:n^{33}nɯŋ^{22}nai^{33}sa:m^{24},khun^{33}tɔŋ^{41}ka:n^{33}sɔŋ^{24}nai^{33}sa:m^{24}

（4）这个班学生，一半是男孩，一半是女孩，大半是我们村的。

nak^{453}rian^{33}hɔŋ^{41}rian^{33}ni:^{453},khrɯŋ^{41}nɯŋ^{22}pen^{33}dek^{22}nak^{453}rian^{33}cha:i^{33}/dek^{22}

phu:^{41}cha:i^{33}khrɯŋ^{41}nɯŋ^{22}pen^{33}dek^{22}nak^{453}rian^{33}jiŋ^{24}/dek^{22}phu:^{41}jiŋ^{24}suan^{22}jai^{22} pen^{33}khon^{33}nai^{33}mu:^{22}ba:n^{41}khɔŋ^{24}rau^{33}

（二十三）“全”“一点”怎样表示？

（1）全村的人都来开会了。

khon^{33}thaŋ^{453}mu:^{22}ba:n^{41}ma:^{33}ruam^{41}pra^{22}chum^{33}lɛu^{453}

（2）他们全家都出去了。

khon^{33}nai^{33}ba:n^{41}khɔŋ^{24}khau^{24}ʔɔk^{22}pai^{33}thaŋ^{453}mot^{22}lɛu^{453}

（3）这些鱼不太大，整条煎吧。

pla:^{33}lau^{22}ni:^{453}mai^{41}khɔi^{41}jai^{22} tat^{22}mot^{22}lɛu^{453}thaŋ^{453}tua^{33}

（4）给我一点水喝，我一点水也没有了。

hai^{41}chan^{453}dɯ:m^{22}lek^{453}nɔi^{453} chan^{24}mai^{41}mi:^{33}nam^{453}ləi^{33}

（5）他买了一些布回来。

khau^{24}sɯ:^{453}pha:^{41}ba:ŋ^{33}phɯ:n^{24}klap^{22}ma:^{33}

（6）一个人也没有。

mai^{41}mi:^{33}khon^{33}ləi^{33}mɛ:^{453}tɛ:^{22}khon^{33}diau^{33}

（7）有些人挖土，有些人挑。

ba:ŋ^{33}khon^{33}khut^{22},ba:ŋ^{33}khon^{33}ha:p^{22}

（8）他好一些了。

khau^{24}di:^{33}khɯn^{41}lek^{453}nɔi^{453}

（9）这些猪都很肥。

mu:^{24}thaŋ^{452}mot^{22}ni:^{453}ʔuan^{41}ma:k^{41}

（10）那些树长得很茂盛。

ton^{41}mai^{453}lau^{22}nan^{453}crən^{33}ŋɔk^{41}ŋa:m^{33}di:^{33}

（二十四）公元年号怎样表示？

他是 1958 年 3 月 23 日出生的。

khau^{24}kət^{22}wan ^{33}thi:^{41}23 mi:^{33}na:^{33}khom^{33}1958

（二十五）量词可以跟哪些词结合？

（1）我们村平均每户有三头猪，两只羊。

mu:^{22}ba:n^{41}khɔŋ^{24}rau^{33}do:i^{33}chlia^{22} tɛ:^{22}la^{453}khrɔp^{41}khrua^{33} mi:^{33}mu:^{24}sa:m^{24} tua^{33} mi:^{33}kɛ^{22}sɔŋ^{24}tua^{33}

（2）羊比猪干净。

kɛ^{22}sa^{22}ʔa:t^{22}kwa:^{22}mu:^{24}

（3）两个人一起锯树。

thaŋ^{453}sɔŋ^{24}khon^{33}lɯa:i^{41}ton^{41}mai^{453}duai^{41}kan^{33}

（4）拿（一）把刀来。

ʔau^{33}mi:t^{41}ma:^{33}nɯŋ^{22}da:m^{41}

（5）飞的那只是乌鸦。

tua^{33}nan^{453}thi:^{41}bin^{33}ju:^{22}pen^{33}ka:^{33}

（6）给我五个，要大的，不要小的。

hai^{41}chan^{24}ha:^{41}tua^{33}ʔau^{33} tua^{33}jai^{22}mai^{41}ʔau^{33}tua^{33}lek^{453}

（7）这挑重，那挑轻。

ha:p^{22}ni:^{453}nak^{22} ha:p^{22}nan^{453}bau^{33}

（8）上面这两只是我的，下面那三只是你的。

sɔŋ^{24}ton^{41}da:n^{41}kha:ŋ^{41}pen^{33}khɔŋ^{24}chan^{24},sa:m^{24}ton^{41}da:n^{41}la:ŋ^{41}pen^{33}khɔŋ^{24} khun^{33}

（二十六）量词能否重叠表示“每”或“全体”“任指”的意思？

（1）个个都说这个地方好。

thuk^{453}khon^{33}bɔk^{22}wa:^{41}sa^{22}tha:n^{24}thi:^{41}hɛ:ŋ^{22}ni:^{453}di:^{33}

（2）这一群牛头头都很肥。

wua^{33}klum^{22}ni:^{453}thuk^{453}tua^{33}ʔuan^{41}ma:k^{41}

（3）条条绳子都一样长。

chɯ: ak^{41}tɛ:^{22}la^{453}se:n^{41}ja:u^{33}thau^{41}kan^{33}thuk^{453}se:n^{41}

（4）你给哪一本都行。（能否说“本本”）

khun^{33}hai^{41}le:m^{41}nai^{24}kɔ^{41}dai^{41}

（二十七）表量的抽象名词，是和量词一样呢，还是由量词加词头构成的呢？

（1）这些黄豆粒儿大。

thua^{22}lɯ:ŋ^{24}lau^{22}ni^{453}met^{453}jai^{22}

（2）鸡蛋论个儿卖，不论斤卖。

khai^{22}kha:i^{24}pen^{33}fɔŋ^{33} mai^{41}kha:i^{24}pen^{33}ki^{33}lo:^{33}

（3）这些竹子，条儿真长。

mai^{453}phai^{22}lau^{22}ni:^{453}thɛ:ŋ^{41}ja:u^{33}ciŋ^{33}ciŋ^{33}

（二十八）以量词为中心的修饰词组能否作主语和谓语？

（1）这只好，那只不好。（指鸡、鸭）

tua^{33}ni:di:^{33} tua^{33}nan^{453}mai^{41}khɔi^{41}di:^{33}（chi:^{453}kai^{22}rɯ:^{24}pet^{22}）

（2）我吃这个小的，你吃那个大的。

chan^{24}kin^{33}chin^{453}lek^{453}lek^{453},khun^{33}kin^{33}chin^{453}jai^{22}jai^{22}

（3）我们大家来分果子，一人一个。

phuak^{41}rau^{33}ma:^{33}bɛ:ŋ^{22}phon^{24}la^{453}mai^{453} tɛ:^{22}la^{453}khon^{33} khon^{33}la^{453}nɯŋ^{22} lu:k^{41}

（4）我喜欢新买的这匹，他喜欢从前买的那匹（马）。

chan^{24}chɔp^{41}ma:^{453}tua^{33}mai^{22},khau^{24}chɔp^{41}ma:^{453}tua^{33}kau^{22}（ma:^{453}）

（二十九）常用的动量词有哪些？

（1）今年我回了一趟家。

pi:^{33}ni:^{453}chan^{24}klap^{22}ba:n^{41}nɯŋ^{22}khraŋ^{453}

（2）我两年前见过他一次。

chan^{24}cə:^{33}khau^{24}mɯ:a^{41}sɔŋ^{24}pi:^{33}thi:^{41}pha:n^{22}ma:^{33}

（3）他拍了两下手。

khau^{24}top^{22}mɯ:^{33}/prop^{22}mɯ:^{33}sɔŋ^{24}khraŋ^{453}

（4）他打一拳，踢他一脚。

khau^{24}ti:^{33}tɔi^{22}nɯŋ^{22}mat^{22} tɛ:^{22}khau^{24}te^{22}nɯŋ^{22}khraŋ^{453}

（5）他被狗咬了两口。

khau^{24}thu:k^{22}ma:^{24}kat^{22}sɔŋ^{24}thi:^{33}

（三十）量词能否单独作主语、宾语、谓语？

（1）这两个人一个高，一个矮。

sɔŋ^{24}khon^{33}ni:^{453}nɯŋ^{22}khon^{33}su:ŋ^{24} nɯŋ^{22}khon^{33}ti:a^{41}

（2）我们去挑柴，一个一担。

rau^{33}pai^{33}ha:p^{22}fɯ:n^{33} tɛ:^{22}la^{453}khon^{33} khon^{33}la^{453}nɯŋ^{22}ha:p^{22}

（3）每人吃一个。

tɛ:^{22}la^{453}khon^{33} kin^{33}khon^{33}la^{453}nɯŋ^{22}lu:k^{41}

（三十一）动词能否重叠，表示什么意思？

（1）拿来给我看看。

ʔau^{33}ma:^{33}hai^{41}chan^{24}du:^{33}nɔi^{22}

（2）你想想看。

khun^{33}kit^{453}nɔi^{22}

（3）咱们出去走走。

rau^{33}ʔɔk^{22}pai^{33}dən^{33}le:n^{41}

（4）人们来来往往的像赶集一样。

phu:^{41}khon^{33}pai^{33}pai^{33}ma:^{33}ma:^{33}mɯ:an^{24}kap^{22}pai^{33}tla:t^{22}

（三十二）动词后面有没有表示行为状态的附加音节？哪些附加音节可以重叠？哪些不能？附加音节是不是只能放在动词的后面？还是可前可后？动词和附加音节之间能否插入其他成分？

（1）他大摇大摆地走过去。

khau^{24} də:n^{33} pai^{33} ʔa:ŋ^{22} kra:ŋ^{22} kra:ŋ^{22}

（2）咚咚！谁敲门？

paŋ^{33}paŋ^{33} khrai^{33}khɔ^{453}pra^{22}tu:^{33}

（3）青蛙一蹦一蹦地跳。

kop^{22}kra^{22}do:t^{22}lo:t^{41}te:n^{41}

（4）狗汪汪地叫。

su^{22}nak^{453}rɔŋ^{453}ŋiŋ^{24}ŋiŋ^{24}

（5）红旗哗啦啦地飘。

thoŋ^{33}si:^{24}dɛ:ŋ^{33}pliu^{33}sa^{22}bat^{22}pai^{33}ta:m^{33}sa:i^{24}lom^{33}

（6）笑哈哈，笑嘻嘻。

hua^{24}rɔ^{453} ʔəak^{453}ʔa:k^{453} jim^{453}krim^{22}

（7）树叶纷纷落下来。

bai^{33}mai^{453}ruaŋ^{41}phru:^{33}loŋ^{33}ma:^{33}

（8）整齐地坐着。

naŋ^{41}pen^{33}ra^{453}biap^{22}

（9）鸡和猪都被吓得东奔西跑。

kai^{22}kap^{22}mu:^{24} thu:k^{22}khu: ^{22}wiŋ^{41}pai^{33}wiŋ^{41}ma:^{33}

（10）人们纷纷跑去看。

phu:^{41}khon^{33}wiŋ^{41}pai^{33}du:^{33}

（11）风呼呼地吹着，水哗哗地流着。

lom^{33}pha:^{33}ju^{453}phat^{453}si:aŋ^{24}daŋ^{33} wu:^{453}wu:^{453}nam^{453}lai^{24}sa:^{41}sa:^{41}

（12）小孩在地上乱滚。

dek^{22}dek^{22}kliŋ^{41}sa^{22}pe^{22}sa^{22}pa^{22}ju:^{22}thi:^{41}phɯ:n^{453}

（13）病人无精打采地走着。

khon^{33}khai^{41}dən^{33}pai^{33}ja:ŋ^{22}mot^{22}rɛ:ŋ^{33}

（14）东西乱放着。

siŋ^{22}khɔŋ^{24}wa:ŋ ^{33} sa^{22}pe^{22}sa^{22}pa^{22}

（三十三）.动词有没有表示某些语法意义的变形或附加音节？（表示肯定、无次序、催促、随便等）附加音节跟动词本身有没有语音上的必然联系（如双声叠韵或固定声韵）？

（1）别乱吃，乱吃会肚子疼的。

ja:^{22}kin^{33}rɯai^{41}pɯ:ai^{22} phrɔ^{453} kin^{33}rɯai^{41}pɯai^{22}tham^{33}hai^{41}puat^{22}thɔŋ^{453}

（2）洗一下，随便地洗。

la:ŋ^{453}nɔi^{22} la:ŋ^{453}ta:m^{33}sa^{22}ɓa:i^{33}

（3）小孩子不要乱砍树。

dek^{22}mai^{41}tɔŋ^{41}tat^{22}mai^{453}

（4）急急忙忙地洗。

la:ŋ^{453}ja:ŋ^{22}re:ŋ^{41}ri:p^{41}

（5）这些树死了，砍掉吧。

ton^{41}mai^{453}ta:i^{33} tat^{22}man^{33}lɛu^{453}

（6）胡乱地洗。

la:ŋ^{453}sum^{22}si:^{22}sum^{22}ha:^{51}

（7）天晚了随便种了算了。

we^{33}la:^{33}sa:i^{24}ju:^{22} plu:k^{22}ta:m^{33}sa^{22}ɓa:i^{33}lɛu^{453}khɔi^{41}pai^{33}

（8）马马虎虎地种。

suk^{22}ʔau^{33}phau^{24}kin^{33} plu:k^{22}ja:ŋ^{22}luak^{41}luak^{41}

（9）很快地种。

plu:k^{22}reu^{33}reu^{33}

（三十四）动词的进行式怎样表示？

（1）当我到家的时候，他正在吃饭。

mɯa^{41}phɔm^{24}klap^{22}ma:^{33}thɯŋ^{24}ɓa:n^{41}khau^{24}kin^{33}kha:u^{41}ju:^{22}

（2）我们正在商量这个问题。

rau^{33}kam^{33}laŋ^{33}phu:t^{41}thɯŋ^{24}pan^{33}ha:^{24}ni:^{453}

（3）我们正要去找他，他已经来了。

phuak^{41}rau^{33}ca^{22}pai^{33}ha:^{24}khau^{24} khau^{24}dai^{41}ma:^{33}

（三十五）动词的完成式怎样表示？

（1）他到过北京，还去过长城。

khau^{24}pai^{33}kruŋ^{33}pak^{22}kiŋ^{22}sa:^{24}ma:t^{41}pai^{33}ji:am^{41}chom^{33}kam^{33}phɛ:ŋ^{33}mɯ aŋ^{33}ci:n^{33}

（2）他洗完衣服就挑水回家。

khau^{24}sak^{453}pha:^{41}set^{22}lɛ:u^{453}kɔ^{41}ha:p^{22}nam^{453}klap^{22}ba:n^{41}

（3）我们今年种了二十亩花生。

pi:^{33}ni:^{453}rau^{33}plu:k^{22}thu:a^{22}li^{22}soŋ^{24}ji:^{41}sip^{22}rai^{41}

（三十六）动词的将来式怎样表示？

（1）他要到哪里去？

khau^{24}ca^{22}pai^{33}nai^{24}

（2）我要去看电影。

chan^{24}ja:k^{22}ca^{22}pai^{33}du:^{33}naŋ^{24}

（3）你将怎么办？

khun^{33}dai^{41}ja:ŋ^{22}rai^{33}

（4）我要上街买一把锄头。

chan^{24}ca^{22}pai^{33}tla:t^{22}phɯa^{41}sɯ:^{453}si:am^{24}nɯŋ^{22}ʔan^{33}

（5）天黑了，回去吧！

thɔŋ^{453}fa:^{453}mɯt^{453}lɛ:u^{453}klap^{22}pai^{33}thə^{22}

（三十七）怎样表示相互行动？

（1）我们大家互相帮助。

rau^{33}thuk^{453}khon^{33}chuai^{41}kan^{33}

（2）孩子们不要吵架、打架。

dek^{22}dek^{22}mai^{41}hai^{41}tha^{453}lɔ^{453} tɔi^{22}ti:^{33}kan^{33}

（3）他们俩很相爱。

khau^{24}sɔŋ^{24}khon^{33}rak^{453}kan^{33}ma:k^{41}

（4）你们不要互相泼水了！

khun^{33}mai^{41}tɔŋ^{41}phrom^{33}nam^{453}kan^{33}

（三十八）动词是否修饰名词、量词，词序怎样？它们跟主谓结构有没有区别？

（1）飞的鸟不容易打。

nok^{453}thi^{41}bin^{33}jiŋ^{33}mai^{41}ŋa:i^{41}

（2）蒸的饭比煮的饭好吃。

kha:u^{41}nɯŋ^{41} ʔa:^{33}rɔi^{22}kwa:^{22} kha:u^{41}tom^{41}

（3）刚买来的那匹马跑得很快。

ma:^{453}phɯŋ^{41}sɯ:^{453} tua^{33}nan^{453} wiŋ^{41}reu^{33}ma:k^{41}

（4）躺着的那头是公的，站着吃草的那头是母的。（指牛）

wu:a^{33}tua^{33}nan^{453}thi:^{41}ʔe:n^{33}ka:i^{33}pen^{33}tua^{33}phu:^{41}wu:a^{33}tua^{33}nan^{453}thi:^{41}jɯ:n^{33}kin^{33}ja:^{41}pen^{33}tua^{33}mi:a^{33}

（三十九）相当于“是”的有几个词？用法怎样？在什么情况下可以省略？

（1）他是阿三，不是阿光。

khau^{24}pen^{33}ʔa:^{33}si:an^{41},mai^{41}chai^{41}ʔa:^{33}kuaŋ^{33}

（2）我是这个村子的人。

phom^{24}pen^{33}khon^{33}nai^{33}mu:^{22}ba:n^{41}

（3）今天是三月初五。

wan^{33}ni:^{453}pen^{33}wan^{33}thi:^{41}ha:^{41}mi:^{33}na:^{33}khom^{33}

（4）他就是我的大儿子。

khau^{24}pen^{33}lu:k^{22}cha:i^{33}khon^{33}to:^{33}khɔŋ^{24}chan^{24}

（5）这封信是不是你写的？是/不是。

cot^{22}ma:i^{24}cha^{22}bap^{22}ni:^{453}mai^{41}chai^{41}khun^{33}khi:an^{24}chai^{41}mai^{24}

（6）今天真是好日子。

wan^{33}ni:^{453}wan^{33}thi:^{41}di: ^{33}ciŋ^{33}ciŋ^{33}

（四十）“有没有”“没有”怎样用？

（1）我有一双皮鞋，没有袜子。

chan^{24}mi:^{33}rɔŋ^{33}thau^{453}naŋ^{24} khu:^{41}nɯŋ^{22} mai^{41}mi:^{33}thuŋ^{24}thau^{453}

（2）有没有人来找我？

mi:^{33}khon^{33}ma:^{33}ha:^{24}chan^{24}rɯ:^{24}jaŋ^{33}

（3）他还没有来。

khau^{24}jaŋ^{33}mai^{41}ma:^{33}

（4）这张桌子有没有人来借？没有人借。

to^{453}tua^{33}ni:^{453}mi:^{33}khon^{33}ma:^{33}jɯ:m^{33}rɯ:^{24}jaŋ^{33} mai^{41}mi:^{33}khon^{33}jɯ:m^{33}

（四十一）助动词“肯、敢、能、会、应当、必须”等怎样用？

（1）他不愿意说。

khau^{24}mai^{41}jɔm^{33}phu:t^{41}

（2）你肯嫁给他吗？我肯（嫁给他）。

khun^{33}jɔm^{33}tɛ:ŋ^{22}ŋa:n^{33}kap^{22}khau^{24}mai^{24} chan^{24}jɔm^{33}（ca^{22}tɛ:ŋ^{22}ŋa:n^{33}kap^{22} khau^{24}）

（3）你敢不敢去？敢。

khun^{33}kla:^{41}thi:^{41}ca^{22}pai^{33}mai^{24} kla:^{41}

（4）你能爬上去吗？不能。

khun^{33}sa:^{24}ma:t^{41}pɯ:n^{33}khɯn^{41}pai^{33}dai^{41}rɯ:^{24}mai^{41} mai^{41} sa:^{24}ma:t^{41}

（5）我不会唱歌，你会吗？

chan^{24}mai^{41}sa:^{24}ma:t^{41}rɔŋ^{453}phe:ŋ^{33}dai^{41},thə:^{33}/khun^{33}rɔŋ^{453}pen^{33}mai^{24}

（6）我们大家都应该努力工作。

rau^{33}thuk^{453}khon^{33}khuan^{33}ca^{22}tham^{33}ŋa:n^{33}ja:ŋ^{22}nak^{22}

（7）你必须在天黑之前回来。

khun^{33}tɔŋ^{41}klap^{22}ma:^{33}kɔn^{22}mɯ:t^{41}

（四十二）动词带宾语和结果补语时词序怎样？动词和补语之间是否需要助词？

（1）大风把村边的树吹断了。

lom^{33}rɛ:ŋ^{33} pha:^{33}ju^{453}phat^{453}ton^{41}mai^{453}nai^{33}mu:^{22}ba:n^{41}hak^{22}

（2）他打死了两只老虎。（他打两只老虎死了）

khau^{24}kha:^{41}sɯ:a^{24}sɔŋ^{24}tua^{33}（khau^{24}ti:^{33}sɯ:a^{24}ta:i^{33}sɔŋ^{24}tua^{33}）

（3）下了一场大雨，把衣服都淋湿了。

fon^{24}thi:^{41}tok^{22}nak^{22} sɯ:a^{41}pha:^{41}ca^{22}pi:ak^{22}/nam^{453}sa:t^{22}pi:ak^{22}cho:k^{41}pai^{33} taŋ^{453}tua^{33}

（4）太阳晒得田都裂了。

dɛ:t^{22}tham^{33}hai^{41}phɯ:n^{453}na:^{33}tɛ:k^{22}ra:u^{453}

（四十三）动词带宾语和趋向补语时词序怎样？

（1）拿一条棍子来。（拿来一条棍子）

ʔau^{33}ta^{22}bɔŋ^{33}ma:^{33}nɯŋ^{22}thɔn^{41}

（2）他进屋里去。（他进去屋里）

khau^{24}khau^{41}pai^{33} nai^{33}hɔŋ^{41}/khau^{24}khau^{41}pai^{33}kha:ŋ^{41}nai^{33}

（3）大姐把篮子提起来。

nɔŋ^{453}sa:u^{24} jok^{453}tra^{22}kra:^{41}khɯn^{41}lɛu^{453}

（4）弟弟爬上树去抓鸟。

nɔŋ^{453}cha:i^{33}pi:n^{33}ton^{41}mai^{453}phɯ:a^{41}cap^{22}nok^{453}

（5）小孩站起来了。

dek^{22}jɯ:n^{33}khɯn^{41}lɛu^{453}

（四十四）动词带可能补语词序怎样？

（1）这根大木头，我一个人也扛得起。

thɔn^{41}mai^{453}jai^{22}ni:^{453} chan^{24}bɛ:k^{22}man^{33}khɯn^{41}ma:^{33}

（2）这个故事三天三夜也讲不（得）完。

rɯaŋ^{41}ni:^{453}lau^{41}sa:m^{24}wan^{33}sa:m^{24}khɯ:n^{33}kɔ^{41}mai^{41}cop^{22}

（3）这扇门开不了（打不开）。

pra^{22}tu:^{33}ba:n^{33}ni:^{453}pət^{22}mai^{41}dai^{41}（mai^{41}dai^{41}pət^{22}）

（4）那种菌子吃不得。

het^{22}cha^{453}nit^{453}ni:^{453}mi:^{33}phit^{453}kin^{33}mai^{41}dai^{41}

（四十五）形容词能否重叠？有哪些重叠形式？

（1）他搓了一条长长的绳子。

khau^{24}ʔau^{33}fa:^{22}mɯ:^{33}phan^{33}pɔ:^{33}pen^{33}chɯ:ak^{41}ja:u^{33}ja:u^{33}

（2）房子前面有一株高高的树。

na:^{41}ba:n^{41}mi:^{33}ton^{41}mai^{453}su:ŋ^{24}

（3）这条路弯弯曲曲的不好走。

tha^{22}non^{24}ni:^{453}khot^{453}khiau^{453}wok^{453}won^{33}tha:ŋ^{33}ni:^{453}tha:ŋ^{33}kho:ŋ^{453} dən^{33}

tha:ŋ^{33}mai^{41}sa^{22}duak^{22}

（4）这个孩子白白胖胖的，真可爱。

dek^{22}khon^{33}ni:^{453}kha:u^{24}kha:u^{24}ʔuan^{41}ʔuan^{41}na:^{41}rak^{453}ciŋ^{33}ciŋ^{33}

（四十六）形容词后面有没有表示程度加深、弱化等意义的附加音节？附加音节跟形容词本身有没有语音上的必然联系？附加音节能否重叠？

（1）今年的禾苗长得绿油油的。

pi:^{33}ni:^{453}ton^{41}kha:u^{41}to:^{33}si:^{24}khiau^{24}pen^{33}man^{33}kha^{22}lap^{22}

（2）这些果子酸溜溜的。

phon^{24}la^{453}mai^{453}lau^{22}ni:^{453}mi:^{33}rot^{453}pliau^{41}pliau^{41}

（3）粮食堆满仓。

ʔa:^{33}ha:n^{24}rɯ:^{24}kha:u^{41} kɔŋ^{33}tem^{33}juŋ^{453}cha:ŋ^{24}

（4）这间房子很宽敞。

hɔŋ^{41}ni:^{453}mi:^{33}phɯ:n^{453}thi:^{41}kwa:ŋ^{41}khwa:ŋ^{24}ma:k^{41}

（5）瘦小的样子。

rup^{41}ra:ŋ^{41} su:p^{41}phɔm^{24}

（6）干瘦的样子。

ru:p^{41}ra:ŋ^{41}phɔm^{24}hɛ:ŋ^{41}

（7）他的脸灰扑扑的。

na:^{41}ta:^{33}khɔŋ^{24}khau^{24}mɔm^{33}mɛ:m^{33}tem^{33}pai^{33}duai^{41}fun^{22}

（8）这些花是鲜红的，那些是淡黄色。

dɔk^{22}mai^{453}lau^{22}ni:^{453}pen^{33}dɔk^{22}mai^{453}si:^{24}dɛ:ŋ^{33}sot^{22},dɔk^{22}mai^{453}lau^{22}ni:^{453} pen^{33}si:^{24}lɯaŋ^{24}ʔɔn^{22}

（9）那条路宽。

tha^{22}non^{24}kwa:ŋ^{41}jai^{22}

（10）她的头发乱糟糟的。

phom^{24}khɔŋ^{24}tə:^{33}mai^{41}ri:ap^{41}rɔi^{453}

（11）这锅饭香喷喷的。

kha:u^{41}mɔ:^{41}ni:^{453}hɔm^{24}ma:k^{41}ma:k^{41}

（12）这地方臭烘烘的。

thi:^{41}ni:^{41}mi:^{33}klin^{22}men^{24}tu^{22}tu^{22}

（13）黑糊糊。

thɔŋ^{453}fa:^{453}mɯ:t^{41}pai^{33}mot^{22}

（14）红彤彤。

dɛŋ^{33}lo:^{41}

（15）白皑皑。

kha:u^{24}ma:k^{41}ma:k^{41}/kha:u^{24}phlo:n^{33}

（16）黄澄澄。

lɯaŋ^{24}ma:k^{41}ma:k^{41}/lɯaŋ^{24}ʔɔi^{24}

（17）这件衣服湿漉漉的。

sɯ:a^{41}tua^{33}ni:^{453}chɯ:n^{453}ma:k^{41}ma:k^{41}

（四十七）形容词后面有没有表示性状的附加音节？附加音节能否重叠？位置如何？附加音节跟形容词之间能否插入其他成分？

（1）他的身体很结实。

ra:ŋ^{41}ka:i^{33}khɔŋ^{24}khau^{24}khɛŋ^{24}rɛ:ŋ^{33}ma:k^{41}ma:k^{41}

（2）白花花（白得耀眼）。

si:^{24}kha:u^{24}con^{33}ca:^{41}ta:^{33}

（3）白晃晃（白而亮）。

si:^{24}kha:u^{24}rɯaŋ^{33}（si:^{24}kha:u^{24}lɛ^{453}sot^{22}sai^{24}）

（4）白茫茫（一望无际的白）。

phɯ:ŋ^{453}thi:^{41}kwa:ŋ^{41}jai^{22}phai^{33}sa:n^{24}khɔŋ^{24}khwa:m^{33}kha:u^{24}（mai^{41}mi:^{33}thi:^{41}sin^{41}sut^{22},si:^{24}kha:u^{24}）

（四十八）形容词修饰名词或量词时，词序怎样？

（1）你是一个好人，他是一个坏人。

khun^{33}pen^{33}khon^{33}di:^{33},khau^{24}pen^{33}khon^{33}le:u^{33}

（2）我买了一件新的花衣服。

chan^{24}sɯ:^{453}sɯ:a^{41}pha:^{41}mai^{22}si:^{24}sot^{22}sai^{24}

（3）砍一棵大树回来做柱子。

tat^{22}ton^{41}mai^{453}ton^{41}nɯŋ^{22}ʔau^{33}klap^{22}pai^{33}tham^{33}sau^{24}

（4）那个漂亮的姑娘是谁？

sa:u^{24}suai^{24}khon^{33}nan^{453}pen^{33}khrai^{33}

（四十九）形容词比较级和最高级怎样表达？

（1）这样做比较好。

tham^{33}bɛ:p^{22}ni:^{453}di:^{33}kwa:^{22}

（2）我这份比较多。

cha^{22}bap^{22}khɔŋ^{24}chan^{24}ma:k^{41}kwa:^{22}

（3）这座山高极了。

phu:^{33}khau^{24}lu:k^{41}ni:^{453}su:ŋ^{24}thi:^{41}sut^{22}

（4）我比你高，他比我更高。

chan^{24}su:ŋ^{24}kwa:^{22}khun^{33},khau^{24}su:ŋ^{24}kwa:^{22}khun^{33}ma:k^{41}

（5）我们三个人里面他最高。

nai^{33}ban^{33}da:^{33}rau^{33}sa:m^{24}khon^{33} khau^{24}su:ŋ^{24}thi:^{41}sut^{22}

（6）哥哥比弟弟大两岁。（哥哥大弟弟两岁）

phi:^{41}cha:i^{33}ʔa:^{33}ju^{453}ma:k^{41}kwa:^{22}nɔŋ^{453}cha:i^{33}sɔŋ^{24}pi:^{33}

（7）我比你高三寸。（我高过你三寸）

chan^{24}su:ŋ^{24}kwa:^{22}khun^{33}sa:m^{24}niu^{453}

（五十）形容词修饰动词时，词序怎样？

（1）叫他快来开会！

ri:ak^{41}khau^{24}ma:^{33}ruam^{41}pra^{22}chum^{33}reu^{33}reu^{33}

（2）来快点！快点来！

ma:^{33}reu^{33}reu^{33}ri:p^{41}ma:^{33}

（3）路太滑，慢点走。

tha:ŋ^{33}lɯ:n^{41}kən^{33}pai^{33}dən^{33}cha:^{453}cha:^{453}

（4）走慢一些！慢慢地走。

dən^{33}pai^{33}cha:^{453}cha:^{453}

（5）快点拿锄头来！（拿锄头来快点！）

ri:p^{41}ʔau^{33}cɔp^{22}ma:^{33}

（6）他不在家，白走了一趟。

khau^{24}mai^{41}dai^{41}ju:^{22}thi:^{41}ba:n^{41} si: a^{24}we:^{33}la:^{33}plau^{22}plau^{22}

（7）大家都要劳动，不能白吃。

thuk^{453}thuk^{453}khon^{33}tham^{33}ŋa:n^{33}mai^{41}dai^{41}kin^{33}fri:^{33}

（8）少说话，多做事。

phu:t^{41}kan^{33}hai^{41}nɔi^{453}loŋ^{33} lɛ^{453}tham^{33}ŋa:n^{33}hai^{41}ma:k^{41}khɯn^{41}

（9）多吃一点！（吃多一点！）

kin^{33}jə^{453} jə^{453}（kin^{33}ʔi:k^{22}/kin^{33}phəm^{41}）

（五十一）形容词能否带补语？

（1）肚子痛。肚子饿。

puat^{22}thɔŋ^{453} hiu^{24}

（2）累路。

dən^{33}tha:ŋ^{33}nɯai^{22}

（3）全身都汗湿了。

ŋɯ:^{22}ʔɔk^{22}thu:a^{41}ra:ŋ^{41}ka:i^{33}

（4）到处都有酒味。

thuk^{453}thi:^{41}mi:^{33}klin^{22}lau^{41}

（五十二）副词修饰动词、形容词时词序怎样？

（1）他刚刚来，又走了。

khau^{24}phəŋ^{41}ma:^{33} kɔ^{41}ʔɔk^{22}pai^{33}lɛu^{453}

（2）他已经走了。

khau^{24}pai^{33}lɛ:u^{453}

（3）我立刻来。

di:au^{453}chan^{24}ma:^{33}

（4）他今天一定会来的。

wan^{33}ni:^{453}khau^{453}ma:^{33}nɛ:^{41}nɔn^{33}

（5）他爸爸常常生病。

khun^{33}phɔ^{41}khɔŋ^{24}khau^{24}mak^{453}ca^{22}puai^{22}

（6）你先走，我后来。

khun^{33}pai^{33}kɔn^{22} phom^{24}ma:^{33}ru:^{453}thi:^{33}laŋ^{24}

（7）今天天太热。

wan^{33}ni:^{453}ʔa:^{33}ka:t^{22}rɔi^{453}ma:k^{41}

（8）这种布不太结实。

pha:^{41}ni:^{453}mai^{41}khɛŋ^{24}rɛ:ŋ^{33}phɔ^{33}

（9）我不太想吃。

chan^{24}mai^{41}tɔŋ^{41}jɔm^{33}kin^{33}

（10）我很喜欢他。

chan^{24}chɔp^{41}khau^{24}ma:k^{41}ma:k^{41}

（11）他非常害怕。

khau^{24}klua^{33}ma:k^{41}

（12）你真的去吗？

khun^{33}pai^{33}ciŋ^{33}ciŋ^{33}rɯ: ^{24}

（13）这匹马跑得真快。

ma:^{453}tua^{33}ni:^{453}wiŋ^{41}reu^{33}ciŋ^{33}ciŋ^{33}

（14）你哥哥真好。

ph i:^{41}cha:i^{33}khɔŋ^{24}khun^{33}di:^{33}ciŋ^{33}ciŋ^{33}

（15）这条河深极了。

mɛ:^{41}nam^{453}sa:i^{24}ni:^{453}lɯk^{453}ma:k^{41}

（16）这些东西全给你了。

siŋ^{22}lau^{22}ni:^{453}hai^{41}khun^{33}thaŋ^{453}mot^{22}

（17）这本书好极了。

naŋ^{24}sɯ:^{24}lem^{41}ni:^{453}di:^{33}ma:k^{41}

（18）这几天热得很。

la:i^{24}wan^{33}ni:^{453}ʔa:^{33}ka:t^{22}rɔi^{453}ma:k^{41}

（19）我和你一起去。

chan^{24}kap^{22}khun^{33}pai^{33}duai^{41}kan^{33}

（20）我只到过这里，没有到过别的地方。

chan^{24}phiaŋ^{33}tɛ:^{22}ma:^{33}thi:^{41}ni:^{41}thau^{41}nan^{453} mai^{41}dai^{41}pai^{33}thi:^{41}ʔɯ:n^{22}

（21）他还没有来。

khau^{24}jaŋ^{33}mai^{41}ma:^{33}

（22）他还没有（未曾）睡觉。

khau^{24}mai^{41}dai^{41}（mai^{41}）nɔn^{33}

（23）你为什么老站在那里？

khun^{33}tham^{33}mai^{33}jɯ:n^{33}ju:^{22}troŋ^{33}ni:^{453}

（24）你也唱，我也唱，大家都唱。

khun^{33}rɔŋ^{453} phom^{24}rɔŋ^{453} thuk^{453}khon^{33}rɔŋ^{453}phle:ŋ^{33}

（25）这样做也好。

tham^{33}bɛ:p^{22}ni:^{453}di:^{33}

（26）再过半个月，就割稻子了。

nai^{33}ʔi:k^{22} khrɯŋ^{41}dɯan^{33} ca^{22}kiau^{22}kha:u^{41}

（27）随你怎么说，反正我是不相信的。

khun^{33}phu:t^{41}ta:m^{33}sa^{22}ba:i^{33} ja:ŋ^{22}rai^{33}kɔ^{41}ta:m^{33}chan^{24}mai^{41}chɯ:a^{41}khau^{24}

（28）你怕不怕鬼？我不怕。

khun^{33}klua^{33}phi:^{24}mai^{24} phom^{24}mai^{41}klua^{33}

（29）你别吵闹。别说人家。

mai^{41}kuan^{33}mi:^{33}si:aŋ^{24}daŋ^{33} mai^{41}phu:t^{41}thɯŋ^{24}khon^{33}ʔɯ:n^{22}ʔɯ:n^{22}

（30）我仅有一支笔（独）。（汉语副词和同义的民族语副词前后呼应）

chan^{24}mi:^{33}phi:aŋ^{33}pa:k^{22}ka:^{33}thɛ:ŋ^{41}nɯŋ^{22}thau^{41}nan^{453}

（31）再吃一碗（添）。

kin^{33}ʔi:k^{22}nɯŋ^{22}cha:m^{33}（phəam^{41}）

（32）你先去（先）。

khun^{33}pai^{33}（khraŋ^{453}rɛ:k^{41}）

（五十三）有没有成对的前后相关联的副词？

（1）他一边说，一边笑。

khau^{24}phu:t^{41}pai^{33}hua^{24}rɔ^{453}pai^{33}

（2）那座山又高又大。

phu:^{33}khau^{24}lu:k^{41}nan^{453}thaŋ^{453}su:ŋ^{24}thaŋ^{453}jai^{22}

（3）鸡一啼他就起来了。

kai^{22}khan^{24} khau^{24}kɔ^{41}tɯ:n^{22}nɔn^{33}lɛ:u^{453}

（4）他很勤劳，整天不是种地，就是砍柴。

khau^{24}kha^{22}jan^{24}ma:k^{41}thaŋ^{24}wan^{33}mai^{41}dai^{41}tham^{33}ka:n^{33}ka^{22}se:t^{22}kɔ^{41}tat^{22}fɯ:n^{33}

（五十四）有哪些常用的介词？用法怎样？

（1）猫跟狗打架。

mɛ:u^{33}kap^{22}ma:^{24}tɔ^{22}su:^{41}kan^{33}

（2）妈妈对他说。

mɛ:^{41}khɔŋ^{24}khau^{24}bɔk^{22}khau^{24}

（3）你笑谁？（在笑和谁之间有无介词？）

khun^{33}hua^{24}rɔ^{453}jɔ^{453}khrai^{33}

（4）一年比一年好。（能否说：一年好过一年）

pi:^{33}lɛ:u^{453}pi:^{33}lau^{41}（sa:^{24}ma:t^{41}phu:t^{41} nɯŋ^{22}pi:^{33}di:^{33}kwa:^{22}nɯŋ^{22}pi:^{33}）

（5）山脚下的田比山坡上的田肥沃。

na:^{33}thi:^{41}ti:n^{33}khau^{24}ca^{22}rən^{33}kwa:^{22}bon^{33}phu:^{33}khau^{24}

（6）从你家到县城有多少路？

ca:k^{22}thi:^{41}ba:n^{41}khɔŋ^{24}khun^{33}pai^{33}jaŋ^{33}ʔam^{33}phə:^{33}mi:^{33} tha^{22}non^{24}ki:^{22}sa:i^{24}

（7）他们从早到晚都在地里劳动。

phuak^{41}khau^{24}tham^{33}tha:n^{33}taŋ^{41}tɛ:^{22}chau^{453}con^{33}thɯŋ^{24}kla:ŋ^{33}khɯn^{33}bon^{33}phɯ:n^{453}din^{33}

（8）我们两个孩子都到外婆家里去了。

luk^{41}sɔŋ^{24}khon^{33}khɔŋ^{24}chan^{24}thaŋ^{453}mot^{22}pai^{33}ba:n^{41}khun^{33}ja:i^{33}lɛ:u^{453}

（9）他被黄蜂刺了。

khau^{24}thu:k^{22}phuɯŋ^{41}tɔi^{22}

（10）犁头是用铁做的。

pha:n^{22}thai^{24}tham^{33}ca:k^{22}lek^{22}

（11）我在山上砍柴。

phom^{24}tat^{22}mai^{453}bon^{33}phu:^{33}khau^{24}

（12）有一条狗躺在路中间。

su^{22}nak^{453}nɔn^{33}ju:^{22}kla:ŋ^{33}tha^{22}non^{24}

（13）打鱼的人沿着河边走去。

cha:u^{33}pra^{22}moŋ^{33}cap^{22}pla:^{33}ta:m^{33}rim^{33}mɛ:^{41}nam^{453}

（14）向前走一会就到了。

dən^{33}pai^{33}kha:ŋ^{41}na:^{41}diau^{24}kɔ^{41}thuɯŋ^{24}lɛ:u^{453}

（15）他往山坡上一看，只见两只小猴在那里玩耍。

khau^{24}hen^{24}nən^{33}khau^{24}hen^{24}liŋ^{33}sɔŋ^{24}tua^{33}len^{41}kan^{33}ju:^{22}thi:^{41}nan^{41}

（16）应该自己努力，不要光靠别人帮助。

rau^{33}tɔŋ^{41}pha^{453}ja:^{33}ja:m^{33}duai^{41}tua^{33}ʔe:ŋ^{33}mai^{41}tɔŋ^{41}phuɯŋ^{41}pha:^{33}ʔa:^{33}sai^{24} khon^{33}ʔɯ:n^{22}chuai^{41}lɯ:a^{24}

（17）我去跟他借一本书。

chan^{24}pai^{33}jɯ:m^{33}naŋ^{24}sɯ:^{24}le:m^{41}nuɯŋ^{22}ca:k^{22}khau^{24}

（18）走向东方。

khau^{24}dən^{33}tha:ŋ^{33}pai^{33}thit^{453}ta^{22}wan^{33}ʔɔk^{22}

（19）他连饭也不吃就回去了。

khau^{24}mai^{41}dai^{41}mɛ:^{453}tɛ:^{22}ca^{22}klap^{22}ma:^{33}kin^{33}kha:u^{41}

（五十五）有哪些常用的结构助词？用法怎样？

（1）百货公司的布真多，红的、蓝的、花的都有。

ha:ŋ^{41}sap^{22}pha^{453}sin^{24}kha:^{453}mi:^{33}pha:^{41}jə^{453}ciŋ^{33}ciŋ^{33}mi:^{33}si:^{24}dɛ:ŋ^{33} si:^{24}fa:^{453} si:^{24}sot^{22}sai^{24} la:i^{24}la:i^{24}si:^{24}

（2）白的是棉花，黄的是稻谷。

si:^{24}kha:u^{24}pen^{33}fa:i^{41},si:^{24}lɯaŋ^{24}pen^{33}kha:u^{41}

（3）只要我们努力劳动，吃的穿的都不愁。

rau^{33}pha^{453}ja:^{33}ja:m^{33}tham^{33}ŋa:n^{33} mi:^{33}kin^{33}mi:^{33}sai^{22} kin^{33}di: ^{33}ju:^{22}di:^{33} mai^{41}tɔŋ^{41}pen^{33}thuk^{453}

（4）今年咱们种的稻子都很好，你的比我的更好。

pi:^{33}ni:^{453}rau^{33}mi:^{33}phan^{33}kha:u^{41}thi:^{41}di:^{33},khɔŋ^{24}khun^{33}di:^{33}kwa:^{22}phom^{24}

（5）他说的，句句都是真话。

khau^{24}kla:u^{22}wa:^{41}pen^{33}khwa:m^{33}ciŋ^{33}thuk^{453}pra^{22}jo:k^{22}

（6）我们学校的房子都是新盖的。

ro:ŋ^{33}ri:an^{33}khɔŋ^{24}rau^{33}pen^{33}ba:n^{41}thi^{41}sa:ŋ^{41}khɯn^{41}mai^{22}

（7）他家的鸡被野猫吃了。

kai^{22}khɔŋ^{24}khau^{24}thuk^{22}mɛu^{33}kin^{33}mot^{22}lɛu^{453}

（8）我们家前年种的芭蕉今年都结果了。

sɔŋ^{24}pi:^{33}thi:^{41}lɛu^{453}khrɔ:p^{41}khu:a^{33}khɔŋ^{24}rau^{33}plu:k^{22}klu:ai^{41}nai^{33}ni:^{453}ʔɔk^{22} pon^{24}thaŋ^{453} mot^{22}lɛu^{453}

（9）这张桌子是他的。

to^{453}tua^{33}ni:^{453}pen^{33}khɔŋ^{24}khau^{24}

（10）卖菜的人来了。

khun^{33}thi:^{41}sɯ:^{453}phak^{22}ma:^{33}lɛu^{453}

（11）猫跳得高，狗跑得快。

mɛu^{33}kra^{22}do:t^{22}su:ŋ^{24},su^{22}nak^{453}wiŋ^{41}ja:ŋ^{22}ruat^{41}reu^{33}

（12）他笑得眼泪都流出来了。

khau^{24}hua^{24}rɔ^{453}con^{33}nam^{453}ta:^{33}rəm^{41}lai^{24}ʔɔk^{22}ma:^{33}

（13）他挑得动一百二十斤。

khau^{24}ha:p^{22}dai^{41}nɯŋ^{22}rɔi^{453}ji:^{41}sip^{22}ki^{22}lo:^{33}

（14）我冷得发抖了。

phom^{24}na:u^{24}con^{33}tua^{33}san^{22}pen^{33}lu:k^{41}nok^{453}

（15）他躺着看书。

khau^{24}ʔe:n^{33}ka:i^{33}ʔa:n^{22}naŋ^{24}sɯ:^{24}

（五十六）有哪些常用的连词？用法怎样？

（1）那个老汉和他的儿子都喜欢打猎。

cha:i^{33}chra:^{33}lɛ^{453}lu:k^{41}cha:i^{33}khɔŋ^{24}khau^{24} chɔp^{41}la:^{41}sat^{22}chen^{41}diau^{33}kan^{33}

（2）我们村和河对面的村子共同修了一条水渠。

mu:^{22}ba:n^{41}khɔŋ^{24}rau^{33}kap^{22}mu:^{22}ba:n^{41}trɔŋ^{33}kha:m^{41}ruam^{41}mɯ:^{33}kan^{33}sa:ŋ^{41} khlɔŋ^{33}

（3）拿铲子或锄头来都行。

chai^{453}phlu:a^{41}rɯ^{24}cɔp^{22}thi:^{41}tɔŋ^{41}tham^{33}kɔ^{41}dai^{41}

（4）你去还是他去呢？

khun^{33}pai^{33}rɯ:^{24}khau^{24}pai^{33}

（5）他的个子虽小，但力气很大。

mɛ:^{453}wa:^{41}ra:ŋ^{41}ka:i^{33}khɔŋ^{24}khau^{24}lek^{453}lek^{453}tɛ:^{22}kam^{33}laŋ^{33}khɔŋ^{24}khau^{24}ma:k^{41}ma:k^{41}

（6）如果明天下雨，我就不来。

tha:^{41}wa:^{41}phruŋ^{41}ni:^{453}fon^{24}tok^{22}chan^{24}kɔ^{41}mai^{41}ma:^{33}

（7）因为果子结得太多，所以有些树枝都被压断了。

phrɔ^{453}wa:^{41}mi:^{33}phon^{24}jə^{453}kən^{33}pai^{33} cɯŋ^{33}tham^{33}hai^{41}kiŋ^{22}mai^{453}hak^{22}

（8）你回去就早些回去，不然天黑了，就不好走了。

khun^{33}klap^{22}pai^{33}chau^{453}chau^{453}tha:^{41}fa:^{453}mɯ:t^{41}lɛu^{453}kɔ^{41}klap^{22}mai^{41}sa^{22} duak^{22}

（五十七）连动句。

（1）哥哥上山打鸟，弟弟下河捕鱼。

phi:^{41}cha:i^{33}pi:n^{33}phu:^{33}khau^{24}jiŋ^{453}nok^{453}nɔŋ^{453}cha:i^{33}lɔŋ^{33}mɛ:^{41}nam^{453}cap^{22}pla:^{33}

（2）我去帮他们种稻子。

chan^{24}ca^{22}pai^{33}chuai^{41}khau^{24}plu:k^{22}kha:u^{41}

（3）她上街买布回来做衣服。

khau^{24}pai^{33}tla:t^{22}sɯ:^{453}pha:^{41}klap^{22}ma:^{33}phɯ:a^{41}tat^{22}sɯ:a^{41}pha:^{41}

（4）他翻身下床跑出来看。

khau^{24}dai^{41}luk^{453}ca:k^{22}ti:aŋ^{33}lɛ^{453}wiŋ^{41}ʔɔk^{41}ma:^{33}du:^{33}

（五十八）兼语式。

（1）妈妈叫你快点回去吃饭。

mɛ:^{41}bɔk^{22}hai^{41}ri:p^{41}klap^{22}ba:n^{41}sam^{24}rap^{22}tha:n^{33}ʔa:^{33}ha:n^{24}kham^{41}

（2）我们选他当模范。

rau^{33}dai^{41}rap^{453}lɯak^{41}khau^{24}pen^{33}run^{41}

（3）他妈叫他盛一碗粥给弟弟吃。

mɛ:^{41}khɔŋ^{24}khau^{24}ri:ak^{41}khau^{24}tak^{22}co:k^{453}cha:m^{33}nɯŋ^{22}hai^{41}nɔŋ^{453}cha:i^{33} kin^{33}

（五十九）双宾语。

（1）我给他一本书。（能否说："我给一本书给他"或"我给一本书他"）

chan^{24}hai^{41}naŋ^{24}sɯ:^{24}le:m^{41}ni:^{453}kɛ:^{22}khau^{24}（sa:^{24}ma:t^{41}kla:u^{22}wa:^{41}phom^{24} jɯ:n^{41}naŋ^{24}sɯ:^{24}hai^{41}khau^{24}"rɯ:^{24}chan^{24}dai^{41}hai^{41}naŋ^{24}sɯ:^{24}kɛ:^{22}khau^{24}）

（2）他们卖给我们三百斤玉米种子。

khau^{24}sɯ:^{453}ma^{453}let^{453}phan^{33}kha:u^{41}pho:t^{41}sa:m^{24}rɔi^{453}ki^{22}lo:^{33}hai^{41}rau^{33}

（3）银行借给他二百元。

khau^{24}ku:^{41}ŋən^{33}tha^{453}na:^{33}kha:n^{33}sɔŋ^{24}rɔi^{453}dɔn^{33}la:^{41}

（六十）复指成分。

（1）你老人家有几个孙子了？

khun^{33}mi:^{33}la:n^{24}cha:i^{33}ki:^{22}khon^{33}

（2）我们队长老王到县里开会去了。

hua^{24}na:^{41}mu:^{22}ba:n^{41}pai^{33}ruam^{41}pra^{22}chum^{33}ju:^{22}thi:^{41}ʔam^{33}phə:^{33}

（3）这些孩子，我全认识他们。

dek^{22}lau^{22}ni:^{453}chan^{24}ru:^{453}cak^{22}phuak^{41}khau^{24}thaŋ^{453}mot^{22}

（4）他的两个孩子，大的当兵，小的在家读书。

khau^{24}mi:^{33}lu:k^{41}sɔŋ^{24}khon^{33}khon^{33}to:^{33}pen^{33}tha^{453}ha:n^{24}khon^{33}lek^{453}ri:an^{33} ju:^{22}thi:^{41}ba:n^{41}/ju:^{22}thi:^{41}ba:n^{41}ri:an^{33}naŋ^{24}sɯ:^{24}

（5）我们五个都是民兵。

ha:^{41}khon^{33}khɔŋ^{24}rau^{33}pen^{33}tha^{453}ha:n^{24}thaŋ^{453}mot^{22}

（6）叔叔五个都是民兵。

khun^{33}ʔa:^{33}ha:^{41}khon^{33}pen^{33}tha^{453}ha:n^{24}thaŋ^{453}mot^{22}

（7）叔叔你在哪儿？

khun^{33}ʔa:^{33}khun^{33}ju:^{22}thi:^{41}nai^{24}

（六十一）陈述句。

（1）草里有一条蛇。

mi:^{33}ŋu:^{33}nai^{33}ja:^{41}

（2）太阳刚下山，月亮就出来了。

dɛt^{22}phuɯŋ^{41}tok^{22}loŋ^{33}phu:^{33}khau^{24} phra^{453}can^{33}kɔ^{41}ʔɔk^{22}ma:^{33}lɛu^{453}

（3）老四是前年出生的。

lu:k^{41}cha:i^{33}khon^{33}thi:^{41}si:^{22}kət^{22}pi:^{33}kɔn^{22}

（4）我父亲今年六十五岁了。

pi:^{33}ni:^{453}khun^{33}phɔ^{41}chan^{24}ʔa:^{33}ju^{453} hok^{22}sip^{22}ha:^{41}pi:^{33}lɛu^{453}

（5）我还没有见过他呢。

chan^{24}jaŋ^{33}mai^{41}dai^{41}hen^{24}khau^{24}

（六十二）疑问句。除了用疑问副词、疑问代词、疑问指示代词表示外，有没有用以下五种方式表示的？

（1）在句末加否定副词“不”“没有”表示。

①你去不？

khun^{33}pai^{33}rɯ:^{24}

②你有兄弟没有？

khun^{33}mi:^{33}nɔŋ^{453}cha:i^{33}rɯ:^{24}

③他们到齐了没有？

phuak^{41}khau^{24}ma:^{33}ri:ap^{41}rɔi^{453}lɛu^{453}rɯ:^{24}

（2）谓语用肯定与否定连用表示。

①他来不来？

khau^{24}ma:^{33}rɯ:^{24}jaŋ^{33}

②你去挑水不去？

khun^{33}pai^{33}ha:p^{22}nam^{453}rɯ:^{24}mai^{41}

③你爱不爱他？

khun^{33}rak^{453}khau^{24}rɯ:^{24}mai^{41}

④你爱他不爱？

khun^{33}rak^{453}rɯ:^{24}mai^{41}rak^{453}khau^{24}

（3）用疑问助词表示。

①他二十岁，你呢？

khau^{24}ʔa:^{33}ju^{453}ji:^{41}sip^{22}pi:^{33} lɛu^{453}khun^{33}la^{41}

②你来看我吗？

khun^{33}ca^{22}ji:am^{41}chan^{24}mai^{24}

③你弟弟大概不来了吧？

nɔŋ^{453}cha:i^{33}khɔŋ^{24}khun^{33}ʔa:t^{22}ca^{22}mai^{41}ma:^{33}rɯ:^{24}mai^{41}

（4）用语调表示。

①你也去？

khun^{33}pai^{33}rɯ:^{24}

②你以为容易？

khun^{33}kit^{453}wa:^{41}ŋa:i^{41}mai^{24}

③他不会唱歌？

khau^{24}rɔŋ^{453}phle:ŋ^{33}mai^{41}pen^{33}

（5）用连词“还是”表示。

①你去还是不去？

khun^{33}pai^{33}rɯ:^{24}mai^{41}pai^{33}

②你要大的还是要小的？

khun^{33}ʔau^{33}tua^{33}jai^{22}rɯ:^{24}ʔau^{33}tua^{33}lek^{453}

（六十三）祈使句。

（1）把这些东西拿走！

siŋ^{22}khɔŋ^{24}ʔau^{33}klap^{22}pai^{33}

（2）不要放火烧山！

mai^{41}tɔŋ^{41}cut^{22}fai^{33}bon^{33}phu:^{33}khau^{24}

（3）别吵！

ja:^{22}soŋ^{22}si:aŋ^{24}ʔə^{453}ʔa^{22}wo:i^{33}wa:i^{33}

（4）快去吧！

ri:p^{41}pai^{33}thə^{22}

（5）把你的扁担借给我用一下吧！

khɔ^{24}mai^{453}kra^{22}da:n^{33}bɛ:n^{33}tɛ:^{22}ja:u^{33} hai^{41}chan^{24}jɯ:m^{33}nɔi^{22}

（六十四）感叹句。

（1）救命啊！有人掉下河啦！

chuai^{41}duai^{41}ʔo:^{41} ba:ŋ^{33}khon^{33}kɔ^{41}tok^{22}mɛ:^{41}nam^{453}

（2）拖拉机耕地真快啊！

thrɛ:k^{453}tə:^{41}pai^{33}ja:ŋ^{22}ruat^{41}reu^{33}bon^{33}din^{33}

（3）哎呀！我的书不见了！

ʔui^{453} naŋ^{24}sɯ:^{24}khɔŋ^{24}chan^{24}ha:i^{24}pai^{33}lɛu^{453}

（4）哎哟！疼死我啦！

ʔui^{453} chan^{24}cep^{22}con^{33}ta:i^{33}

（5）哼，我的比他的好多了！

hɯm^{33}khɔŋ^{24}chan^{24}di:^{33}kwa:^{22}khɔŋ^{24}khau^{24}ma:k^{41}ma:k^{41}

（6）妈呀！这么大！

ʔo:^{33}phra^{453}cau^{41} jai^{22}ma:k^{41}ma:k^{41}

（六十五）并列复句。

（1）牛能犁田，马能拉车。

kho:^{33}chai^{453}phɯ:a^{41}thai^{24},ma:^{453}chai^{453}la:k^{41}rot^{453}

（2）我是广西人，你是贵州人。

chan^{24}ju:^{22}kwa:ŋ^{33}si:^{24},khun^{33}ju:^{22}kui^{41}co:^{33}

（3）一个朝东走，一个朝西走。

dən^{33}pai^{33}tha:ŋ^{33}tit^{453}ta^{22}wan^{33}ʔɔk^{22},dən^{33}pai^{33}tha:ŋ^{33}thit^{453}ta^{22}wan^{33}tok^{22}

（4）短的好，长的更好。

san^{41}di:^{33} tɛ:^{22}ja:u^{33}di:^{33}kwa:^{22}

（5）我不去了，你去吧！

chan^{24}ca^{22}mai^{41}pai^{33} khun^{33}ca^{22}pai^{33} chan^{24}mai^{41}pai^{33}khun^{33}pai^{33}

（6）吃完饭以后，要去阿香家玩。

laŋ^{24}ʔa:^{33}ha:n^{24}ʔa:^{33}hoŋ^{33}klap^{22}ba:n^{41}pai^{33}le:n^{41}

（7）他头上戴着斗笠，脚上穿着草鞋，手里拿着一把柴刀，上山去了。

khau^{24}suam^{24}muak^{22}mai^{453}phai^{22}thau^{453}sai^{22}rɔŋ^{33}thau^{453}tɛ^{22}thɯ:^{24}mi:t^{41}tat^{22}fɯ:n^{33}lɛu^{453}khɯn^{41}pai^{33}bon^{33}phu:^{33}khau^{24}

（8）他不但做得快，而且做得好。

khau^{24}mai^{41}phi:aŋ^{33}tham^{33}dai^{41}ja:ŋ^{22}ruat^{41}reu^{33}tɛ:^{22}tham^{33}dai^{41}di:^{33}

（9）你去耙田还是去挑粪？

khun^{33}pai^{33}khra:t^{41}na: ^{33}rɯ:^{24}ha:p^{22}ko:i^{33}pui^{24}

（六十六）主从复句。

（1）因为路窄，所以车子过不去。

nɯaŋ^{41}ca:k^{22}tha^{22}non^{24}khɛ:p^{41} rot^{453}jon^{33}dən^{33}tha:ŋ^{33}ja:k^{41}

（2）因为天气太冷，不能种芭蕉。

nɯaŋ^{41}ca:k^{22}sa^{22}pha:p^{41}ʔa:^{33}ka:t^{22}thi:^{41}jen^{33}kən^{33}pai^{33}mai^{41}sa:^{24}ma:t^{41}plu:k^{22}ton^{41}kluai^{41}dai^{41}ʔi:k^{22}khraŋ^{453}

（3）如果明天不下雨，我们就去赶集。

tha:^{41}wan^{33}phrɯŋ^{41}ni:^{453}fon^{24}mai^{41}tok^{22} kɔ^{41}ʔɔk^{22}pai^{33}tla:t^{22}

（4）要是雨太大，今天你就不去了。

tha:^{41}fon^{24}tok^{22}ma:k^{41}kən^{33}pai^{33} wan^{33}ni:^{453}khun^{33}ca^{22}mai^{41}pai^{33}

（5）今天能把田犁好，明天就播种。

wan^{33}ni:^{453}thai^{24}phrɯŋ^{41}ni:^{453}plu:k^{22}ma^{453}let^{453}

（6）这些橘子虽然大，但不是很甜。

phon^{24}som^{41}lau^{22}ni:^{453} lu:k^{41}jai^{22}tɛ:^{22}mai^{41}wa:n^{24}

（7）他说了半天，大家还是不懂。

khau^{24}kla:u^{22}wa:^{41}we:^{33}la:^{33}wan^{33}khrɯŋ^{41} tɛ:^{22}phuak^{41}rau^{33}jaŋ^{33}mai^{41}khau^{41}cai^{33}

（8）你既然说昨天来，为什么又没来呢？

tə:^{33}phu:t^{41}wa:^{41}mɯ:a^{41}wa:n^{33}ma:^{33} tham^{33}mai^{33}mai^{41}ma:^{33}ʔi:k^{22}

（9）你要早些来，免得我等你。

khun^{33}tɔŋ^{41}ka:n^{33}ma:^{33}chau^{453}ca^{22}dai^{41}mai^{41}rɔ^{33}khun^{33}

（10）天一亮，我们就走。

nai^{33}ruŋ^{41}sa:ŋ^{24}rau^{33}ca^{22}pai^{33}

（11）只要努力学习，就能学好。

phi:aŋ^{33}khɛ:^{41}ri:an^{33}nak^{22}khun^{33}sa:^{24}ma:t^{41}ri:an^{33}ru:^{453}/khɔ^{24}phi:aŋ^{33}tɛ:^{22} hai^{41}chai^{453}khwa:m^{33}pha^{453}ja:^{33}ja:m^{33}thau^{41}nan^{453}kɔ^{41}ca^{22}sa:^{24}ma:t^{41}sɯk^{22}sa:^{24} dai^{41}di:^{33}

（六十七）紧缩复句。

（1）他越想越好笑。

khau^{24}təp^{22}to:^{33}ma:k^{41}khɯn^{41}lɛ^{453}tlok^{22}ma:k^{41}

（2）他一面走一面唱。

khau^{24}dən^{33}pai^{33}rɔŋ^{453}phle:ŋ^{33}pai^{33}

（3）你不相信就算了。

khun^{33}mai^{41}chɯ:a^{41}kɔ^{41}lɛu^{453}pai^{33}

（4）他一去就不回来了。

khau^{24}pai^{33}lɛu^{453}kɔ^{41}mai^{41}klap^{22}ma:^{33}ʔi:k^{22}

（5）他一讲就没个完。

mɯ:a^{41}khau^{24}phu:t^{41}tɛ:^{22}phu:t^{41}mai^{41}cop^{22}

（6）一看就会。

du:^{33}wɛ:p^{41}diau^{33}/mɔŋ^{33}wɛ:p^{41}diau^{33}kɔ^{41}ru:^{453}lɛu^{453}

（7）犁田不学不会。

thai^{24}na:^{33}mai^{41}ri:an^{33}mai^{41}pen^{33}

三、谜语

（1）khau^{41}tham^{41}kham^{33}kham^{33}ʔɔ:k^{22}thi:au^{41}

—da:u^{33}

早晨去山洞，傍晚出去玩儿。

谜底：星星（泰北部）

（2）ʔom^{41}lom^{453}thau^{41}raŋ^{33}tɔ:^{22} cau^{41}man^{33}phɔ:p^{22}han^{24}

—hu:a^{24}khon^{33}

圆圆的像黄蜂的窝一样，主人看不见。

谜底：头部（泰北部）

（3）ton^{41}thau^{41}niu^{453}kɔ:i^{41} bai^{33}hɔ:i^{41}thɯŋ^{24}din^{33} kep^{22}lu:k^{41}ma:^{33}kin^{33}mai^{41} min^{24}mai^{41}bɯ:a^{22}

—kha:u^{41}

小指大小一般的树木，树叶垂到土地，摘果子来吃不臭，也不会厌烦。

谜底：谷子（泰南部）

（4）cha:ŋ^{453}la:n^{33}ju:^{22}nai^{33}waŋ^{33},tha:^{41}mai^{41}rap^{453}saŋ^{22}mai^{41}ʔɔ:k^{22}

—ba:n^{41}

大象在宫殿里，不命令就出来。

谜底：家（泰南部）

（5）tau^{22}sa:m^{24}tau^{22}naŋ^{41}fau^{41}khi^{33}fai^{33}

—tau^{33}kɔ:n^{41}sau^{41}

三位老人坐守火炉。

谜底：三角灶（泰东北部）

（6）ʔai^{41}bai^{41}ju:^{22}kha:ŋ^{41}na:^{41} ʔai^{41}ba:^{41}ju^{22}kha:ŋ^{41}laŋ^{24} cap^{22}ha:ŋ^{24}khi^{41}lai^{24}

—khon^{33}thai^{24}na:^{33}

傻子在前，疯子在后，抓着尾巴骑着赶。

谜底：犁田人（泰中部）

（7）ju:^{22}ji^{41}jɔ:ŋ^{22}jɛŋ^{24} tak^{22}nam^{453}kɛ:ŋ^{33}ma:^{33}sai^{24}ju:^{41}ji^{41}

—kha^{22}nom^{24}cin^{33}

褶皱疏落，盛汤浇上。

谜底：泰式米线（泰南部）

（8）hi:ŋ^{22}hi:ŋ^{22}mɯ:an^{24}phɯŋ^{41}phum^{33}ma^{453}ra:^{33} ʔe:k^{22}ba:^{33}tha:^{33}ca^{22}re:^{33} ca^{22}re:^{33}

—lu:k^{41}kha:ŋ^{41}

嗡嗡，就像蜜蜂转动。

谜底：陀螺（泰中部）

（9） phra^{453}ta:^{33}di:^{33}cu:ŋ^{33}phra^{453}ta:^{33}bɔ:t^{22}phra^{453}ta:^{33}di:^{33}pai^{33}mai^{41}rɔ:t^{41} phra^{22}ta:^{33}bɔ:t^{22}lə:i^{33}cu:ŋ^{33}phra^{453}ta:^{33}di:^{33}

—phra^{453}phut^{453},phra^{453}tham^{33},phra^{453}soŋ^{24}

看得见的僧人牵眼盲的僧人，看得见的僧人不能脱险，于是眼盲的僧人牵着看得见的僧人。

谜底：佛祖/佛经/高僧（泰中部）

（10）si:^{24}rai^{24}tam^{33}hai^{41}khon^{33}rop^{453}kan^{33}

—si:^{24}da:^{33}

什么颜色能混在一起。

谜底：晕开的颜色（泰南部）

（11）laŋ^{24}roŋ^{33}ri:an^{33}mi:^{33}ʔa^{22}rai^{33}ʔə:i^{22}

—nɔ:^{33}

学校后面有什么？

谜底：n 字母（泰中部）

（12）caŋ^{33}wat^{22}ʔa^{22}rai^{33}mi:^{33}bu:a^{33}ma:k^{41}thi:^{41}sut^{22}

—pa^{22}thom^{453}tha:^{33}ni:^{33}

哪个府荷花最多。

谜底：佛统府

（13）kɛŋ^{33}kai^{22}sai^{22}ʔa^{22}rai^{33}cɯŋ^{33}ʔa:^{33}rɔ:i^{22}

—sai^{22}pa:k^{22}

鸡汤装在哪里好吃。

谜底：装在嘴里。

（14）taŋ^{41}mai^{22}tok^{22} jok^{453}mai^{41}daŋ^{33}

—bɔ:^{22},phra^{453}ʔa:^{33}thit^{453}

打不落，抬不响。

谜底：水井，太阳。

四、语篇调查

ni^{453}tha:n^{33}rɯ:aŋ^{41} khon^{33}mai^{41}ru:^{453}bun^{33}khun^{33}

mi:^{33}nɔ:ŋ^{453}nam^{453}ju:^{22}nɔ:ŋ^{453}nɯŋ^{22}nam^{453}nai^{33}nɔ:ŋ^{453}nan^{453}kɔ^{41}ʔɛ:ŋ^{41}pai^{33} thuk^{453}wan^{33}lɛ:u^{453}kɔ^{41}mi:^{33}tau^{22}ju:^{22}nɔ:ŋ^{453}nam^{453}nan^{453}tu:a^{33}nɯŋ^{22}pha:^{22}ja:^{33} hoŋ^{24}ma:^{33} hen^{24}kɔ^{41}lə:i^{33}wa:^{41}

"ʔo:^{33} tau^{22}ni:^{24}ca:k^{22}nɔ:ŋ^{453}nam^{453}ni:^{453}pai^{33}mai^{24}"

"kha:^{41}pai^{33}mai^{41}dai^{41} pi:k^{22}kha:^{41}mai^{41}mi:^{33}"

"ʔan^{33}ni:^{453}ca^{22}chu:ai^{41}kan^{33}ha:m^{24}pai^{33} tha:^{41}wa:^{41}tau^{22}ca^{22}ju:^{22}fau^{41}nɔ:ŋ^{453} nam^{453}ni:^{453}man^{33}kɔ^{41}mai^{41}mi:^{33}ʔa^{22}rai^{33} mai^{41}mi:^{33}（hon^{24}）tha:ŋ thi^{41}nam^{453} man^{33}ca^{22}mi^{33}"tau^{22}kɔ^{41}wa:^{41} "kha:^{41}ca^{22}pai^{33}ja:ŋ^{22}rai^{33}"

"ʔo:^{33} mai^{41}ja:k^{41} ha:^{24}mai^{453}thɔ:n^{41}lek^{453}lek^{453}ma:^{33}"hoŋ^{24}sɔ:ŋ^{24}tu:a^{33}kɔ^{41} pai^{33}ha:^{24}mai^{453}thɔ:n^{41}lek^{453}lek^{453}lɛ:u^{453}hai^{41}tau^{22}nan^{453}kha:p^{41}mai^{453}ju:^{22}troŋ^{33} kla:ŋ^{33} lɛ:u^{453}kɔ:^{41}chu:ai^{41} kan^{33}ha:m^{24}sɔ:ŋ^{24}kha:ŋ^{41} pha:^{33}kan^{33}bin^{33}pai^{33} pai^{33} pha:n^{22}ba:n^{41}pha:n^{22}mɯ:aŋ^{33} phɔ^{33}dek^{22}hen^{24}kɔ^{41}rɔ:ŋ^{453}wa:^{41} "hoŋ^{24}ha:m^{24}tau^{22}" thi^{33}ni:^{453}tau^{22}kɔ^{41}ʔu:at^{22}jiŋ^{22}man^{33}kɔ^{41}lə:i^{33}wa:^{41} "man^{33}ca^{22}chai^{41}ja:ŋ^{22}rai^{33}tau^{22} ha:p^{22}hoŋ^{24} ta:ŋ^{22}ha:k^{22}la^{453}"tau^{22}man^{33}kɔ^{41}lə:i^{33}lut^{22}tok^{22}loŋ^{33}pai^{33}si:a^{24} ni:^{41}lɔ^{22} khau^{24}wa:^{41}pa:k^{22}mai^{41}di:^{33} khau^{24}（ma:^{33}）pro:t^{22}（chu:ai^{41}）lɛ:u^{453} jaŋ^{33}mai^{41} ru:^{453}bun^{33}khon^{33}khau^{24}ʔi:k^{22}

【译文】民间故事　忘恩负义之人

有一处沼泽地，里面的水每天都在蒸发。沼泽地里住着一只乌龟，凤凰王来看到乌龟时说道："嘿，乌龟你能离开这沼泽地吗？"

"离不开啊，我没有翅膀。"

"我可以背你离开，如果你守在沼泽地，其实也没有什么，不可能有水的。"乌龟说道："我将如何离开呢？"

"嘿，不难啦，去找小树枝来！"两只凤凰就去找来了小树枝，让乌龟衔着中间部分，然后就相互抬起两端飞起，飞越了好多村庄和城市。孩子们看到了就叫道："凤凰背乌龟。"这时乌龟炫耀地说道："不是那样，是乌龟背凤凰，不一样的。"然后乌龟就掉下来了。这是因为它（乌龟）不好好管住自己的嘴，还不懂感恩。